MERIAN KOMPASS

KULINARISCHER SPRACHFÜHRER ITALIEN

Cornelia Schinharl

W0058676

Stimmungsvolle Hochburg von Kultur, Geschmack und Geschichte: Traumlandschaft Toskana.

KULINARISCHER SPRACHFÜHRER ITALIEN

INHALT

Sehen und gesehen werden auf der Piazza della Rotonda.

KULINARISCHER
SPRACHFÜHRER
ITALIEN

Wer nach Italien fährt, der kann sich sicher auch ganz gut durchschlagen, ohne die Sprache zu beherrschen. In Italien sind die meisten Menschen wirklich sehr gastfreundlich und werden sich wahrscheinlich bemühen, den Gast auch zu verstehen, wenn er ihre Sprache nicht kann. Allerdings wird die Freundlichkeit um ein Vielfaches gesteigert, wenn man zumindest ein paar Sätze sprechen kann. Dann erst bekommen Sie nützliche Tipps, wo man am besten isst, welcher Wein noch einen angemessenen Preis hat und welcher Strand am schönsten ist.

RUND UMS ESSEN UND GENIESSEN

Damit Ihr Urlaub also rundherum ein Erfolg wird, Sie sich im Restaurant ebenso verständlich machen können wie im »alimentari«, dem Lebensmittelgeschäft, haben wir in diesem Kompass die wichtigsten Stichworte aufgeführt, zum Thema Essen ebenso wie zum Thema Wein, und haben die Sätze zusammengestellt, die Sie sicher öfter brauchen werden. Darüber hinaus geben wir Ihnen Tipps, wie Sie ein gutes Restaurant finden, wie ein italienisches Menü aussieht und vieles mehr.

Am Beginn des Buches finden Sie ein paar Informationen über die einzelnen Regionen und können sich über besondere Spezialitäten informieren. Allerdings ist die Regionalküche auch in Italien, wie überall, wo gereist und umgezogen wird, nicht mehr ganz klar abzugrenzen. Und dennoch hält man in Italien die Traditionen hoch, und Sie werden sicher viele Spezialitäten noch entdecken können.

Wir wünschen Ihnen also viel Spaß auf der Reise. Übrigens: Wenn Sie wirklich einmal nicht weiter wissen, nehmen Sie ruhig Hände und Füße zu Hilfe, das verstehen alle Italiener!

DIE **PROVINZEN**

Kulinarische Notizen

Spannend und fast so abwechslungsreich wie eine echte Reise durch Italien ist der Streifzug durch die kulinarischen Besonderheiten der Provinzen Italiens. Und wer erst einmal lesend – und in alphabetischer Reihenfolge – auf den Geschmack gekommen ist, hat sicher Lust, die Spezialitäten des Landes auch zu kosten!

ABRUZZE – MOLISE (ABRUZZEN)

Bis weit ins 20. Jahrhundert hinein galten diese beiden Regionen Italiens mit manch anderer süditalienischen Region als das Armenhaus des Landes. Gebirge und Hochgebirge gaben so wenig her, dass viele Bauern in die Städte abwanderten oder gleich auswanderten. So ist denn die Küche hier einfach, wenngleich auch keinesfalls fad oder eintönig. Man brät den Käse über dem Holzkohlenfeuer, und man liebt Pasta, allen voran die »maccheroni alla chitarra«. In den Abruzzen sind sie aber keine Röhrennudeln, sondern schmale Bandnudeln. Man stellt sie hier mit einem speziellen Holzrahmen her, in den dicht nebeneinander feine Drähte gespannt sind. Die Hausfrauen legen die Nudelplatten darauf, rollen mit dem Nudelholz nochmal drüber, und schon liegt darunter ein Berg feiner Nudeln, die dann meist mit einem »ragù« mit Peperoncino scharf gewürzt gegessen werden. Ohnehin gibt es hier kaum ein Gericht, das nicht mit den kleinen, höllisch scharfen Schoten gewürzt wird.

Und noch ein Gewürz hat in den Abruzzen Bedeutung: Safran. Ganz in der Nähe der Provinzhauptstadt L'Aquila liegt das beste Anbaugebiet für Safran in ganz Italien. Der aromatische Safran sollte aber mit anderen Sorten gemischt werden, die wiederum hier nicht wachsen. Das und auch der hohe Preis erklären, warum er in der Küche der Abruzzen kaum eine Rolle spielt.

BASILICATA (BASILIKATA)

Früher war diese Region wohl mit Wald bedeckt, und zahlreiche Wildarten lebten hier. Heute stehen die Wälder nicht mehr, die Tiere sind zum größten Teil ausgestorben, und die Region ist nach wie vor eine der ärmsten Italiens. Im Altertum hieß die Region am Golf von Tarent Lucania, ihr heutiger Name leitet sich von »basilikòs« her, der Bezeichnung für den byzantinischen Verwalter. Dass vom früheren Glanz nicht mehr viel übrig geblieben ist, konnte auch Carlo Levi feststellen, der von den Faschisten hierher verbannt wurde. Er hat mit seinem Roman »Christus kam nur bis Eboli« der Region ein Denkmal gesetzt. Aber vielleicht ist gerade die Armut verantwortlich dafür, dass sich

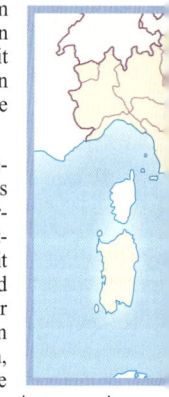

manche kulinarische Tradition vom Altertum bis heute erhalten hat. So kannte man schon in der Antike eine Wurst aus Hackfleisch, mit Kräutern, Gewürzen und Fett gemischt und in Därme gefüllt. Damals wie heute heißt sie »lucanica«.

Im Mittelpunkt der einfachen Küche stehen Pasta, Brot und Gemüse. Ab und zu gibt es Lamm und gelegentlich ein Schwein. Wie überall ist die Armut auf dem Land besonders deutlich: Hier wird beispielsweise heute noch mit Lammfett gekocht; Olivenöl ist kostbar und wird seltener verwendet. In der Basilikata, wo früher auch die Malaria grassierte, hat man sich daran gewöhnt, reichlich Peperoncino zu verwenden, galt er doch als einziges Mittel gegen die Krankheit. Aus Fett, Peperoncini und Salz bereitet man eine herzhafte Paste zu, die auf geröstete Brotscheiben gestrichen wird.

Die Pasta wird selbst gemacht und hauptsächlich mit Gemüse, allen voran Paprikaschoten, gegessen. Aber auch fein gehacktes Fleisch gibt es dazu, besonders köstlich mit der so genannten »forte«, einer Sauce aus in Olivenöl gebräunten Peperoncini. Darüber gibt man gesalzenen Ricotta – so einfach und köstlich kann Bauernküche sein! Wein ist in der Region meist ein einfacher Tafelwein, ein weißer und ein roter. Eine besondere Traube wächst in dieser Gegend, die »aglianico«. Aus ihr entstehen, wie auch in Kampanien, oftmals volle, tanninreiche Rotweine.

CALABRIA (KALABRIEN)

Hat man nach einer langen Reise die Stiefelspitze erreicht, wird man belohnt von dem reizvollen Gegensatz von Meer und Bergen; letztere sind teilweise so hoch, dass man hier sogar Ski laufen kann. Die beiden Küsten am Tyrrhenischen und am Ionischen Meer laden mit ziemlich sauberem Meer und feinem Sandstrand zum Urlaub ein.

Die Küche hat ebenfalls vieles zu bieten. Manche Gerichte sind ähnlich wie die auf Sizilien; die Insel kann man von der Westküste aus mit dem bloßen Auge erkennen.

So wachsen beispielsweise in Kalabrien besonders gute Auberginen, denn diese Pflanze liebt Hitze und Trockenheit. Man bereitet sie als Ragout zu Pasta, meist mit Peperoncino gewürzt, oder man legt sie süß-sauer ein, auch in Öl; man kann daraus eine Art Paste herstellen, die man als Beilage und als Vorspeise serviert. Die »melanzane alla parmigiana« ist, ebenso wie in Sizilien, ein Auflauf aus Auberginen, Tomatensugo und Mozzarella, manchmal fügt man auch Eier hinzu.

Die würzigen Zutaten Kalabriens

Basilicata

Kalabrien

Wie in Sizilien stehen Schwertfisch, Tunfisch und Sardinen auf den Speisekarten und werden auch ähnlich zubereitet: als fein gefüllte Röllchen, gegrillt oder als Sauce zur Pasta, die natürlich auch eine wichtige Rolle spielt. Hier begegnen einem die »strangolapreti«, die »Priesterwürger«, als lange Nudeln. Ob wohl jemand den Gedanken hatte, einen Gottesmann damit zu würgen?

Einmal im Jahr steht in Kalabrien ein besonderes Fest an: Am 17. Januar, dem Namenstag des heiligen Antonius, werden Schweine geschlachtet und üppige Feste gefeiert. Der heilige Antonius gilt als Schutzpatron der Haustiere.

Tomaten und Peperoncini sind typisch für Kalabriens Küche.

CAMPANIA (KAMPANIEN)

Ohne das italienische Gericht, das in dieser Region seinen Ursprung nahm, wäre so manches italienische Restaurant bei uns erst gar nicht eröffnet worden: die Pizza. Sie stammt aus de einfachen Küche, der »cucina dei poveri«, wurde sie doch aus wenigen und preiswerten Zutaten gebacken: Mehl, Hefe, Wasse und Olivenöl. So war sie auch ursprünglich ein einfacher Flade und wurde wie die griechische »pitta«, von der sie wohl auch den Namen hat, im Brotbackofen gebacken, anfangs ohne Belag

1889 schließlich wurde die »pizza margherita«, heutzutage eine der einfachen Varianten, erfunden. Der berühmteste Pizza bäcker der damaligen Zeit, Peppino Brandi, soll sie zu Ehren von Königin Margherita, Gattin Umbertos von Savoyen, kreiert haben. Das Ergebnis präsentierte sich in den Farben der italienischen Flagge: mit roter Tomatensauce, weißem Mozzarellakäse und grünen Basilikumblättchen.

Tomaten und Mozzarella sind übrigens sehr wichtige Zutaten dieser Region. Die Tomate soll hier, nachdem sie im 16. Jahrhundert von den Spaniern zusammen mit Bohnen, Mais und Kartoffeln aus der Neuen Welt mitgebracht wurde und zunächst nur als Zierpflanze fungierte, für die Küche entdeckt worden sein. Man gab ihr den Namen »Goldapfel«, »pomodoro«. Nicht weil sie so wertvoll war, sondern weil Tomaten ursprünglich goldgelb waren. Seither werden in fast jeder Familie täglich »spaghetti con la pommarola«, wie der Tomatensugo hier heißt, auf den Tisch gestellt.

Mozzarella – der beste soll übrigens aus der Milch der Büffelkühe aus Sorrento, Salerno und Aversa stammen – hat hier Tradition und kann dank der großen Nachfrage inzwischer nicht mehr nur aus Büffelkuhmilch zubereitet werden. Der größte Teil wird aus normaler Kuhmilch hergestellt und schmeck leider lange nicht so gut wie der Originalkäse. Seinen Namen hat der Mozzarella wohl von einem bestimmten Vorgang: dem Teilen der Käsemasse, die in Italien »mozzatura« genannt wird Er wird als einziger italienischer Frischkäse in Salzlake getaucht und auch darin aufbewahrt. Und muss frisch gegessen werden!

EMILIA-ROMAGNA

»La grassa« – »die Fette« nennt man die Hauptstadt der Emilia auch, und das ist ganz bestimmt keine Beleidigung, sondern vielmehr eine Ehre. Drückt es doch in einem Wort aus, wie schwelgerisch in Bologna und Umgebung gekocht und gegessen wird. In dieser Stadt des Genusses kann man voll beladene Marktstände bewundern, Käsegeschäfte mit wagenradgroßen Parmesankäsen, fast ebenso dicke Mortadellawürste, frisch gemachte Nudeln – allen voran die Tortellini, die hier erfunden wurden – und vieles mehr.

Nudeln in allen Variationen, wobei die gefüllten am meisten geschätzt werden, gibt es in der Emilia im Überfluss. Der Teig

wird immer mit Eiern gemacht, die Füllung schwankt von Ort zu Ort – und natürlich von Koch zu Koch. Gerade um die Tortellini rankt sich so manche Geschichte. So soll ihre Form dem Nabel der Venus nachempfunden sein. Ebenfalls aus Bologna kommt die Mortadella, die schon im 14. Jahrhundert das erste Mal Erwähnung fand. Ihr Name stammt wahrscheinlich von der Zubereitungsweise, die damals üblich war. Das Fleisch, wie eigentlich immer in der Emilia vom Schwein, wurde in einem Mörser – dem »mortaio della carne« – fein zerstoßen.

Aus Modena kommt der »zampone« – ein mit Speck und verschiedenen Schweinefleischteilen, feinen Gewürzen und Knoblauch gefüllter Schweinefuß. Der »zampone« wird im Ganzen in kochendem Wasser gegart und ist – übrigens auch in vielen anderen Regionen Italiens – ein traditionelles Silvesteressen. Als Beilage isst man dazu Linsen, die durch ihre runde Form Glück und Wohlstand symbolisieren – Wünsche für das nächste Jahr!

Parma wird gleich mit zwei Spezialitäten in Verbindung gebracht: dem Parmigiano und dem Prosciutto di Parma. Der Käse kommt nur aus zwei Provinzen, nämlich Parma und Reggio. Die Milch für den Käse stammt von Kühen, die auf satten Wiesen grasen dürfen. Nach dem Pressen wird der Käse gesalzen und kommt kurz an die Luft, bevor er in Regale gelegt wird und mindestens zwei Jahre reifen muss.

FRIULI-VENEZIA GIULIA (FRIAUL/JULISCH-VENETIEN)

So klein und gebirgig sie ist, die nordöstlichste Region Italiens, lässt sie nicht vermuten, dass sie so vielfältige Schätze für Feinschmecker und Weinliebhaber zu bieten hat. Beeinflusst von Venedig, das hier eine Zeit lang Regierungsgewalt hatte, von der österreichischen und der deutschen Küche und nicht zuletzt von der slowenischen, ist die friulanische Küche eine Mischung aus gehaltvoller und manchmal bäuerlicher Kost, die dabei einen mediterranen Einschlag erkennen lässt.

Hier gibt es Gulasch und Meerrettichsauce, Cevapcici und Blutwürste, Strudel und Mohnkuchen, aber auch köstliche Fischrisotti, Bohnen und Polenta in vielen Variationen und eine berühmte »brodetto di pesce«, eine köstliche Fischsuppe. Der aromatische Montasio-Käse, der traditionell vom höchsten Berg der Gegend, dem Montasio, aus mindestens 1000 m Höhe kommt, ist ebenso eine Spezialität der Region wie der berühmte San Daniele Schinken. Hergestellt wird er aus der Keule einer schwarzen Schweinerasse in San Daniele del Friuli. Nach nur wenigen Tagen Pökelzeit wird die Keule den feuchten Winden ausgesetzt. Das Salz, das nach dem Pökeln auf der Keule bleibt, zieht langsam bis zum Knochen ein. Dieser Schinken hat einen leicht süßlichen und zarten Geschmack, gilt bei vielen als noch feiner als der berühmtere Parmaschinken.

Ligurien

Bekannt ist das Friaul bei den meisten Feinschmeckern aber vor allem, weil hier köstliche Rotweine und mit die besten Weißweine Italiens gedeihen. Der typische Weißwein von hier ist fruchtig, trocken und von feiner Säure. Obwohl es hier sieben DOC-Gebiete für Weißwein gibt und Grave del Friuli sicherlich das bekannteste davon ist, kommen die besten Weißweine – die bekannteste ist vermutlich der Tocai Friulana – aus dem Collio und den Colli Orientali di Friuli. Die Weine von dort sind etwas schwerer und körperreicher. Die Roten sind nicht so bekannt, haben aber eine längere Tradition. Sie werden vor allem aus Pignolo, Refosco, Pinot Nero, Merlot und Cabernet Franc gekeltert.

LIGURIA (LIGURIEN)

Wer die französische Küste in Richtung Süden fährt, kommt, unweigerlich nach Ligurien, der schmalen lang gezogenen Region, deren Hinterland an drei andere Provinzen grenzt: Piemont, Emilia-Romagna und an die Toskana. Riviera dei fiori wird sie auch genannt, und tatsächlich wachsen hier im Freien und in Gewächshäusern so viele Blumen, dass viele Blumengeschäfte in Europa damit versorgt werden können.

Kein Wunder also, dass in dieser fruchtbaren Region auch zahlreiche Gemüse, besonders würzige Oliven und hocharomatische Kräuter wachsen. Eines davon ist die Grundlage einer

Sauce, die auch aus unserem Küchenrepertoire kaum mehr wegzudenken ist: Pesto. Zubereitet aus dem kleinblättrigen Basilikum, das in Ligurien wächst und noch aromatischer ist als das großblättrige, aus Knoblauch, Pinienkernen und Olivenöl, das in Ligurien besonders kräftig und würzig ist, und aus zwei verschiedenen geriebenen Käsesorten: Parmesan und Pecorino. Selbstverständlich wird es im Mörser zubereitet und nicht im Mixer, denn dann bleiben die Zutaten auch beim Zerkleinern wunderbar würzig. Serviert wird Pesto in Ligurien zur bunt gemischten Minestrone oder zu Pasta – meist mit »trenette«, dünnen Bandnudeln. Viele Hausfrauen geben auch noch Kartoffelwürfel mit ins Kochwasser – klingt etwas seltsam, schmeckt aber ganz köstlich. Nudeln spielen hier ohnehin eine große Rolle, und wer sich auch für die Geschichte der Pasta interessiert, der sollte das Spaghettimuseum in Pontedassio besuchen. Hier sind neben den verschiedensten Geräten zur Nudelherstellung auch die unterschiedlichsten Nudelformen zu bestaunen, keineswegs nur Spaghetti.

Wie überall am Meer spielt natürlich auch in der Küche Liguriens Fisch eine wichtige Rolle, allerdings sind die Meere in diesem Küstenstrich schon ziemlich leergefischt, und das Angebot ist nicht überwältigend groß. Die bekanntesten Spezialitäten sind die Fischsuppen »burrida« und »ciuppin«, beide köstlich und aromatisch.

LOMBARDIA (LOMBARDEI)

In der Lombardei befinden wir uns in der reichsten Provinz Italiens. Die Hauptstadt Mailand setzt in vielerlei Hinsicht Maßstäbe. Hier werden Geschäfte gemacht, Modeinteressierte zieht es in diese Stadt ebenso wie Opernfans in die weltberühmte Scala. Und natürlich nicht zuletzt Feinschmecker, die Mailand als Ausgangspunkt für eine Schlemmerreise wählen und vielleicht bei einem Campari die Route planen. Denn der wurde hier erfunden, von Davide Campari am Ende des 19. Jahrhunderts.

Doch nicht nur die Hauptstadt hat viel zu bieten. Reis, der auch hier in der Po-Ebene gedeiht, liefert Grundstoff für viele Gerichte. So zählt der »risotto alla milanese« zu den berühmtesten Spezialitäten der Region. Erfunden haben soll ihn der Schüler eines bekannten Baumeisters beim Bau des Mailänder Doms. Der Gehilfe, mit dem schönen Namen Zafferano (Safran), hat der Geschichte zufolge anlässlich der Heirat der Tochter des Meisters derselben einen Teller Reis gereicht, den er mit Safran goldgelb einfärbte. Zu dieser Zeit war der Reis noch eine echte Kostbarkeit für die Reichen, und Safran zählte wie heute noch zu den teuersten Gewürzen der Welt. Aber, wie man in Italien, einem Land der Geschichte und der Geschichten so gerne sagt: »Se non è vero, è ben trovato!« (Wenn es nicht wahr ist, ist es zumindest gut erfunden!).

»Costoletta alla milanese« ist eine weitere Spezialität, panierte Kalbskoteletts mit Knochen, wahrscheinlich eng verwandt mit dem Wiener Schnitzel, denn die Habsburger spielten in Mailand gleich zweimal eine große Rolle. Allerdings schwört man in Mailand, dass das »costoletta« mit den Habsburgern nach Wien reiste und zum Wiener Schnitzel inspirierte und keinesfalls umgekehrt. Diese Geschichte wiederum stimmt wahrscheinlich sogar!

In einer reichen Region ist auch die Küche reich, und deshalb findet man hier mit das beste Rindfleisch Italiens, viele köstliche Süßwasserfische, und man geizt nicht mit Butter, Milch und Käse. Der Gorgonzola stammt ursprünglich ebenso von hier wie der Bel Paese, den man gelegentlich in kleinen Betrieben in exzellenter Qualität kaufen kann.

MARCHE (MARKEN)

Diese Region Mittelitaliens – sie zieht sich vom östlichen Apennin bis zur Adria – ist bis heute nur wenigen bekannt. Nur Cattolica, der überlaufene Ferienort an der Küste, zieht Jahr für Jahr Unmengen von Besuchern an. Je weiter südlich man zum Meer kommt, desto weniger voll wird es. Und wer einen Ausflug ins Hinterland macht, kann sich nicht nur an einer hügeligen, in sanfte Farben getauchten Landschaft erfreuen, die an die viel bewunderte Toskana erinnert, sondern oftmals auch eine erholsame Ruhe spüren, die gerade nach dem Strandleben wohltuend ist.

Die Marken haben, entgegen einer weit verbreiteten Meinung, viel zu bieten: Es gibt Berge, fruchtbares Hügelland und

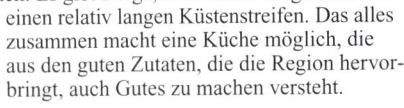

einen relativ langen Küstenstreifen. Das alles zusammen macht eine Küche möglich, die aus den guten Zutaten, die die Region hervorbringt, auch Gutes zu machen versteht.

Besonderheiten der Marken sind die großen grünen Oliven – »ascolane« – die man entsteint und füllt, dann meist frittiert. Sie sind ein köstliches Antipasto oder auch ein Imbiss zum Wein. Wer gerne Oliven mag, sollte den kleinen Ort Cartocetto südwestlich von Pesaro besuchen: Er gilt als die Olivengemeinde der Marken. Nicht nur hier, sondern auch in den Nachbarregionen Umbrien und in der Toskana macht man ein köstliches gefülltes Spanferkel – »porchetta«. Als Füllung kommen die klein geschnittenen Innereien und wilder Fenchel mit Gewürzen in den Bauch des Tieres, das dann im (Brot-)Ofen gebacken wird.

Oliven – aus der italienischen Küche nicht wegzudenken.

Wie überall am Meer kann man natürlich auch an der Küste der Marken die besten Fische genießen. Hier ist in San Benedetto del Tronto der größte Fischereihafen Italiens, und so wandert in manchen Fischtopf noch ein Fischlein mehr als in anderen Küstenregionen. Als Begleitung zum köstlichen Mahl wird in den meisten Lokalen der weiße Verdicchio oder der rote Rosso Piceno angeboten, die es beide in guter, manchmal aber auch in nicht ganz so sorgfältig gekelterter Variation zu kaufen gibt.

Piemonte/Valle d'Aosta (Piemont/Aostatal)

Wer sich im Oktober auf die Reise begibt, und zwar nicht einfach nach Italien, sondern ganz gezielt ins Piemont, der hat meist einen ganz besonderen Genuss im Sinn: die berühmten weißen Trüffeln aus der Gegend von Alba, wo jedes Jahr in der ersten Oktoberhälfte ein Trüffelmarkt stattfindet. Die knolligen, kartoffelähnlichen Pilze wachsen bis zu 40 cm unter der Erde im Wurzelgeflecht von Eichen, Kastanien und Pappeln. Nach dem Fund, den speziell abgerichtete Hunde erledigen, wird die meist warzige Haut gründlich geputzt und die Trüffel anschließend mit dem Hobel in feinen Scheiben über dampfende Pasta, Risotto und vieles mehr gehobelt. Und: Jeder Span hat seinen Preis!

In der Poebene am Fuße der Berge, die Lage gab der Region übrigens auch den Namen (»pedemontium« oder »piedimonte«), liegen die größten Reisfelder Europas und hier gedeiht der beste Reis ganz Italiens: der »riso superfino Carnaroli«. Auf den Hügeln wachsen die Reben für einige der begehrtesten unter den roten Weinen Italiens. Barolo, Barbaresco, Barbera, Nebbiolo und Dolcetto.

Beeinflußt vom nahen Frankreich – schließlich stand das Piemont acht Jahrhunderte lang mit Nizza und Savoyen unter gleicher Regierung – haben hier viele Gerichte noch französische Namen, wie zum Beispiel ein Wildragout namens »civet«. Man kocht mit Butter statt mit Öl, die wichtigsten anderen Zutaten der Küche sind Reis, Knoblauch, Trüffeln, Milch, Käse und Wein. Nudelgerichte haben hier keine Tradition, wirklich typische wie »taglierini« oder »agnolotti« kann man wohl an einer Hand abzählen. Im Piemont steht Reis im Mittelpunkt, es gibt ihn als Salat, in der Suppe und als Beilage, als »primo« wie auch als Dessert, zum Beispiel als Torte. Auch die Grissini, die knusprigen dünnen Stangen, die in fast keinem Ristorante fehlen, wurden hier erfunden. Aufbewahrt für die Ewigkeit unter dem Siccardi-Obelisken auf der Piazza Savoia in Turin – in einer Nische zusammen mit einer Zeitung aus dem Jahre 1850, verschiedenen Reis- und Getreidekörnern und einer Flasche Barbera!

PUGLIA (APULIEN)

Obwohl südlicher als die Abruzzen gelegen, zählt diese Region Italiens nicht unbedingt zu den ärmsten und bricht sogar manche Rekorde. Sie hat die längste Küste Italiens, gilt seit jeher als die Kornkammer des Landes. Foggia im Landesinneren und einst Herrschaftssitz des Stauferkaisers Friedrich II. soll die heißeste Stadt Italiens sein. Apulien bringt etwa ein Sechstel der Olivenernte zusammen und ist sage und schreibe die größte Weinbauregion der ganzen Welt. Die, obwohl man bisher mehr auf Quantität denn auf Qualität setzte, inzwischen auch einige gute Weine hervorbringt.

Apulien

In Apulien wachsen Aprikosen, Kirschen, Trauben, Feigen und Mandeln, gedeihen Auberginen ebenso gut wie Tomaten, dicke Bohnen, Artischocken und kleine wilde Zwiebeln. Beim Fleisch verwendet man in der Küche noch heute vor allem Lamm, Huhn und Ziege. Rindfleisch wird selten erwähnt, denn die Tiere wurden und werden hauptsächlich zum Arbeiten verwendet. Mit Fischen ist die Region reich gesegnet, im Binnenmeer von Tarent, dem so genannten »mare piccolo«, werden sogar Muscheln und Austern gezüchtet.

Bei der Pasta, die hier ohne Eier zubereitet wird, sind die »orecchiette« besonders beliebt. Von Teigrollen werden Scheiben abgeschnitten und mit dem Daumen eingedrückt, so dass sie wie kleine Öhrchen aussehen. Dazu macht man dann meist einen Sugo aus Gemüse, etwa »cima di rape«, aber auch einmal ein Fisch- oder Fleischragù. Beim Brot findet man vor allem solches, das in Kringelform gebacken wird. Manchmal werden die Kringel sogar der Länge nach durchgeschnitten und nochmals

gebacken, dass sie fast so hart wie Zwieback werden. Auch das eine Tradition aus einer Zeit, als Bauern und Hirten das Brot mit aufs Feld nehmen mussten und es längere Zeit haltbar sein sollte.

Die Krone Apuliens:
das Castel del Monte.

ROMA E LAZIO (ROM UND LATIUM)

Rom ist die Hauptstadt des Landes und Sitz des Vatikans, man möchte also meinen, hier hätte sich eine hochherrschaftliche Küche entwickelt. Tatsächlich aber brachte jeder Papst seine eigenen Köche mit, die dann zwar Gerichte aus ihrer Heimat in Rom bekannt machten, nicht aber dazu beitrugen, dass die römische Küche verfeinert wurde. So ist die römische Küche wie auch die des Umlandes und vieler anderer Regionen Italiens eine bäuerliche Küche: Man kocht mit viel Gemüse, das die fruchtbare Landschaft reichlich hervorbringt. Artischocken, Kresse, Sellerie oder Zucchiniblüten.

Beim Fleisch wird Schwein und Lamm bevorzugt, und da die Schweine oftmals recht fett waren, würzt man im Latium gerne mit Peperoncino, das bekanntlich die Verdauung fördert.

Auch in Rom hielt man sich Schweine und weiß darüber eine amüsante Geschichte zu erzählen: In der ganzen Stadt liefen Schweine herum, die den Abfall fraßen. Sie waren sozusagen lebende »Mülltonnen«. Allerdings vermehrten sie sich so stark, dass sie schließlich zur Plage wurden, die man immer wieder abzustellen versuchte. Erst Klemens VIII., der von 1592 bis 1605 als Papst in Rom regierte, gelang das Vorhaben. Er erlaubte jedem, der ein Schwein fand, es mit nach Hause zu nehmen. Und siehe da, es dauerte nicht lange, und die Straßen waren so gut wie leer.

Außer Schweinefleisch wird in Rom das »abbacchio«, das Milchlamm, sehr geschätzt. Es ist ein typisches Frühlingsessen, wie auch die zarten römischen Erbsen, die man mit gewürfeltem Schinken gart. Das Lamm der Armen bestand früher nur aus Innereien, die man mit Artischocken frittierte, heute ist dieses Gericht längst zu einer Delikatesse geworden, die man auch in feineren Restaurants auf der Karte findet.

Die römische Küche wurde auch von den Juden beeinflusst, die schon zu Zeiten Kaiser Augustus in Rom lebten. Der Zusatz »alla giudia« weist heute noch darauf hin. So werden zum Beispiel Artischocken auf jüdische Art frittiert, eine Zubereitungsart, die in der jüdischen Küche häufig zu finden ist.

SARDEGNA (SARDINIEN)

Vom italienischen Festland ist die zweitgrößte Insel Italiens weiter entfernt als von Korsika. Wer sie das erste Mal besucht und zunächst am Strand bleibt, wird bezaubert sein von den bizarr geformten Felsen und dem türkisblauen Meer, wird sich nicht vorstellen können, dass auf Sardinien noch immer Armut herrscht. Und doch kann man sich auf einer Fahrt ins Landesinnere (vielleicht nicht unbedingt in einer Luxuskarosse, denn es gibt hier noch zahlreiche Straßenräuber) rasch davon überzeugen lassen: Die Landschaft ist weitläufig und schön, aber auch karg und arm. Und wortkarg sind auch die Bewohner.

Die meisten Menschen hier leben von der Schafzucht, die zweieinhalb Millionen Tiere auf der Insel machen ein Viertel des gesamten Bestandes von Italien aus. Knorrige Olivenbäume und weite Weizenfelder machen das Bild komplett. Damit sind auch schon die wichtigsten Zutaten der sardischen Küche genannt. Weizen für das Brot, das hier die Pasta auf den zweiten Platz verweist und das man auf spezielle Art zubereitet. Fladen, die hart gebacken werden und dadurch so haltbar sind, dass die Hirten sie auch auf längere Wanderzeiten mitnehmen konnten und immer noch können. Besonders berühmt die »carta da musica«, knuspriges Brot, so dünn wie Notenpapier. Zu Festtagen werden aus dem Brot »pane artistici«, kunstvoll geformte Gebilde, die alle Sinne erfreuen.

Lamm, aber auch Spanferkel und Ziegen, mag man am liebsten pur über dem Feuer am Spieß gebraten; über trockenem und aromatischem Holz wird es besonders schmackhaft. Oder auf eine ganz spezielle Art »al carraxiu«, in einem Erdloch mit allerlei Kräutern über viele Stunden, manchmal Tage hinweg, gegart.

Die Käse Ricotta und Pecorino – die übrigens ursprünglich aus Sardinien stammten und mit den Hirten, die hier kein Auskommen mehr fanden, aufs Festland kamen – werden aus Schafsmilch hergestellt. Zusammen mit Mehl und Honig ist der Ricotta auch die Hauptzutat der süßen Sachen auf der Insel.

SICILIA (SIZILIEN)

»Italien ohne Sizilien macht gar kein Bild in der Seele, hier ist erst der Schlüssel zu allem«. Was Goethe in Palermo anlässlich seiner Italienischen Reise schrieb, ist nur die halbe Wahrheit. Sizilien ist Italien und doch ist die größte Insel – übrigens nicht nur Italiens, sondern ganz Europas – fast ein eigenständiges Land. Der einheimische Dialekt ist selbst für Italiener schwer zu verstehen, die Landschaft voller Gegensätze. Grün und prächtig an den Ufern des Meeres, karg, ja nahezu verdorrt das Landesinnere. Selbst die Küche will sich nicht ganz ins kulinarische Bild Italiens einfügen, ist sie doch von so vielen anderen Nationen beeinflusst. Besonders bereitwillig hat sie arabische Eindrücke aufgenommen, gibt es hier doch ein Gericht namens »cuscussù«, das dem marokkanischen Couscous in nichts nachsteht und sind die Süßigkeiten noch süßer als anderswo.

Die Sizilianer nehmen für sich in Anspruch, die Urform der Pasta, die Makkaroni, erfunden zu haben. So findet man »maccherone« nicht nur in den Rezept-Beschreibungen, sondern auch im übertragenen Sinn. Ein Dummkopf wird mit dieser Bezeichnung belegt, ein Gauner ist so durchsichtig wie das Kochwasser der Makkaroni klar, und einer, der von Pasta und Makkaroni lebt, kann sich kaum über seinen Lebensstandard beklagen.

Tunfisch, Schwertfisch und Sardinen sind die beliebtesten Fische auf der Insel, berühmt sind »pasta con le sarde«, Nudeln – meist Makkaroni – mit einer Sauce aus frischen Sardinen, wildem Fenchel, Rosinen und Pinienkernen. Außer Fisch bringt die Insel Getreide hervor, viele wilde und kultivierte Gemüse und natürlich Orangen und Zitronen im Überfluss. In traditionellen Gerichten wird Fleisch fein gehackt verwendet, denn die Rinder konnten nicht friedlich grasen, sondern mussten hart arbeiten. Das muskeldurchzogene Fleisch schmeckte daher zäh, wenn es nicht zerkleinert wurde. Bei den Süßigkeiten stehen obenan »cannoli«, knusprige Teigröllchen mit einer üppigen Füllung aus Ricotta, Schokolade und kandierten Früchten, und natürlich die »cassata alla siciliana«, eine ebenfalls üppige Biskuittorte mit Ricotta und kandierten Früchten.

SÜDTIROL/TRENTINO

Am Brenner passiert man die Schneise zwischen Nord und Süd und hat selbst in Zeiten, in denen niemand mehr nach dem Reisepass verlangt, das großartige Empfinden, »im Süden« zu sein. Und tatsächlich sind die imposanten Dolomiten sehr oft auch die »Wetterscheide«, die dieses Gefühl auch atmosphärisch unterstützt. In Südtirol, das erst seit 1919 zu Italien gehört, spricht man Deutsch/Österreichisch und Italienisch, manche können beide, andere auch nur eine der Sprachen, denn die Rivalitäten und Feindlichkeiten bestehen immer noch. In der Küche aber dominiert eindeutig der österreichische Einfluss. Hier gibt es Knödel, »canederli«, ebenso wie Bauerngröstel und vielerlei Strudel. Die Küche ist eher deftig, doch auch feine Gerichte kennt man hier, schließlich ist Bozen seit langer Zeit Bischofssitz, und dort und in den zahlreichen Klöstern wusste man von alters her gut zu leben.

Eine der Spezialitäten hat ihren Namen diesem Umstand zu verdanken: »strangolapreti«, also Priesterwürger – kleine Klößchen aus Spinat, Brot, Eiern und Käse – wurden so getauft, weil manch ein Priester so viele davon verschlungen hat, dass es ihn fast würgte.

Neben vielerlei Arten von Knödeln gibt es in Südtirol vor allem den berühmten würzigen Speck. Das Fleisch von nicht zu fetten Schweinen wird vom Knochen befreit und zuerst in eine Beize aus Salz, Knoblauch, Wacholder, Lorbeer und Pfeffer gelegt, bevor es in die Räucherkammer kommt. Statt Pasta gibt es hier Suppen als »primo«, zum Imbiss eine besondere Brotspezialität, nämlich das getrocknete Fladenbrot, das auch Schüttelbrot heißt. Berühmt ist Südtirol aber nicht nur wegen seines ausgezeichneten Specks, sondern auch wegen des Törggelens. Der Name für das erste Verkosten des neuen Weines, des Heurigen, kommt nicht vom vermuteten Torkeln nach dem Genuss, sondern von dem lateinischen Wort für die Weinpresse, »torculum«.

Typische Südtiroler Spezialität: das Schüttelbrot.

zilien

TOSCANA (TOSKANA)

Manch einer gerät schon ins Schwärmen, wenn er nur den Namen hört, denkt an sanft gewellte Hügel, imposante Zypressenalleen und silbrig glänzende Olivenbäume: Die Toskana ist für viele der Inbegriff von Lebenslust, Schönheit und Eleganz, gepaart mit manchmal karger Ursprünglichkeit.

Auch die Küche der Toskana ist ursprünglich geblieben und kommt in der Regel mit wenig Zutaten aus. Im Mittelpunkt stehen Getreide, Brot und Olivenöl. Das Brot ist in der Toskana immer ungesalzen. Das stammt noch aus einer Zeit, als die Gewürze und daher auch das Salz Luxusgüter waren. Inzwischen hat man herausgefunden, dass es ungesalzen länger haltbar ist. Es wird als Beilage zu allen Gerichten serviert, ist Grundlage für die beliebten »crostini« – geröstete Brotscheiben mit den unterschiedlichsten Belägen, manchmal aber auch nur mit Knoblauch und dem feinen Öl. Es wird in den vielen Suppen verarbeitet, die in der Toskana in der Regel als »primo« angeboten sind als die Pasta. Bei den Hauptgerichten steht Fleisch in der Toskana unerreicht an erster Stelle, sehr beliebt sind auch Schmortöpfe aus unterschiedlichen Fleischarten und Innereien, wie die »trippa alla fiorentina«, Kutteln in einem würzigen Tomatensugo. Bei den Beilagen findet man außer Gemüse immer Hülsenfrüchte. Man kocht Kichererbsen ebenso wie weiße Bohnen, begießt sie einfach mit etwas gutem Öl und schon ist eine wunderbare Beilage oder auch ein Antipasto auf dem Tisch. Die zarten frischen dicken Bohnen, auch Saubohnen genannt, isst man im Frühling sogar roh, am liebsten mit jungem Pecorino, etwas Olivenöl und Salz.

Über den Wein, der früher in bauchigen strohumhüllten Flaschen angeboten wurde und inzwischen fast überall eine hohe Qualität erreicht hat, braucht man wohl kaum etwas zu sagen. Chianti, Brunello und Co. sind jedem Weinliebhaber bekannt.

Der Mercato Centrale in Florenz.

UMBRIA (UMBRIEN)

Mit seinen direkten Nachbarn Toskana, Marken und dem Latium hat Umbrien – kulinarisch betrachtet – viel gemeinsam und unterscheidet sich doch ein wenig.

Die »porchetta«, das mit wildem Fenchel gefüllte und im Ofen gebratene Spanferkel, schmeckt hier noch ein bißchen besser als in der Toskana oder in den Marken, weil hier besondere schwarze Schweine leben, die im Freien gehalten werden und sich hauptsächlich von Eicheln und Kastanien ernähren. Im Grunde ist die Küche Umbriens ursprünglich eine Bauernküche, in der Gemüse, Getreide, Hülsenfrüchte und Käse im Mittelpunkt stehen. Wurde ein Tier geschlachtet, verwendete

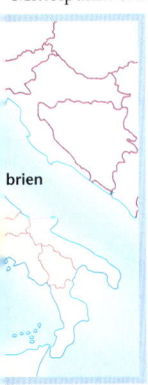

man auch alle Teile, denn Fleisch kam selten auf den Tisch, und man konnte es sich nicht erlauben, auch nur das kleinste Stück des Tieres wegzuwerfen. Sowohl Fleisch als auch Fisch aus dem Trasimenischen See und aus den Flüssen wurden und werden fast nur auf einfache Art zubereitet, nämlich am Spieß, auf dem Rost oder im Backofen. Ein Gericht aus dem Topf, die bekannteste Fischsuppe der Region, heißt »tegamaccio« und ist ein reines Süßwasser-Fischgericht.

Eine echte umbrische Köstlichkeit, die es hier sogar in fünffacher Bandbreite gibt, sind Trüffeln. Neben der weißen Trüffel, für die das Piemont so gerühmt wird, gibt es hier die schwarze Edeltrüffel, die schwarze Wintertrüffel, die Holztrüffel – genannt »scorzone« – und die »bianchetto«. Überwiegend findet man jedoch die schwarze Edeltrüffel, die auch Norciatrüffel, manchmal auch Spoleto-Trüffel genannt wird. So ist ein Gericht, das den Zusatz »nurcina« trägt, in ganz Italien eines mit Trüffeln. Ein »norcino« hingegen, im Grunde die Bezeichnung für einen Bewohner Norcias, ist bis ins Latium hinein ein Schweineschlachter, weil es in dieser Gegend auch die meisten Schweine gibt. Die schwarze Trüffel – die man von Januar bis April sammelt – wird im Gegensatz zur weißen nicht roh genossen, sondern entfaltet ihr Aroma erst beim Kochen. Ein guter Ersatz für die Trüffeln ist übrigens aromatisiertes Olivenöl mit Trüffeln. Mit ihm kann man Suppen und Saucen verfeinern, aber auch »ragùs« und Salate.

VENETO (VENETIEN)

»La serenissima« – die Erhabene – gab dieser Region ihren Namen, und doch ist das Veneto viel mehr als nur Venedig. Es gehört dazu die »terra ferma« – das Hinterland –, es gehören dazu gebirgige Gegenden ebenso wie Verona und ein Teil des Gardasees. Kein Wunder also, dass die Küche in dieser italienischen Region äußerst vielfältig ist – obwohl nur wenige Zutaten wirklich im Mittelpunkt stehen: Polenta, Reis – der zwar nicht hier erfunden wurde, aber in der Küche so viel Verwendung findet wie in keiner anderen Region –, Fisch aus Flüssen, Seen und natürlich aus dem Meer – und der Radicchio!

Besonders berühmt ist der längliche »radicchio di Treviso«. Er wird im Frühjahr ausgesät, im Herbst bindet man ihm die Blätter hoch, damit das Innere schön weiß bleibt. Dieser Radicchio ist würzig und doch milder als der runde, ihm zu Ehren wird in Treviso im Dezember sogar ein Fest veranstaltet. Ein kugeliger Radicchio kommt aus Castelfranco, er ist würziger, weil ihm die Süße des Trevisano fehlt. Den »Radicchio von Chioggia« findet man auch in unseren Gemüseläden. Hier wird dieses Gemüse keineswegs nur als Salat zubereitet, es wird gekocht, gebraten und gegrillt, es kommt in die Suppe ebenso wie in den Risotto, es ist Beilage oder Hauptzutat des »secondo«. Bei der Erfindung der Reisgerichte hat man in Venedig eines entdeckt, das man fast überall auf der Welt kennt: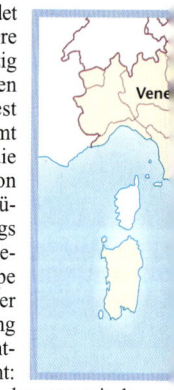
»risi e bisi«. Hier ist es ein Frühlingsgericht, das man mit den zarten jungen Erbsen am liebsten mag. Ohnehin isst man in Venedig wie auch sonst im Veneto lieber einen Risotto, eine Suppe oder auch Gnocchi – die übrigens in Verona erfunden wurden – als ein Nudelgericht. Beliebt sind allenfalls »pasta e fagioli« (Nudel-Bohnen-Eintopf) und »bigoli«, hausgemachte Spaghetti, die man ursprünglich als Fastenspeise aus dunklem Mehl machte. Beim Fleisch gibt es auch eine Besonderheit: Venetien ist die einzige italienische Provinz, in der man Eselfleisch isst und auch eine Salami daraus bereitet.

Die Getränke: Hier hat das Veneto viel zu bieten, neben dem begehrten Prosecco di Conegliano-Valdobbiadene gibt es hier Bardolino und Valpolicella, Bianco di Custoza und viele mehr.

Symbol für Venedig:
die Rialtobrücke

Einzigartige Kulisse für den Nachmittagscafé: die Piazza della Signorina in Florenz.

DER KULINARISCHE SPRACHFÜHRER

Nie wieder unsicher vor einer Speisekarte sitzen – hier finden Sie die Begriffe, die Sie zum Bestellen brauchen. Ein weiteres Plus: Mit diesem Wortschatz können Sie auch einfache Rezepte lesen, also ein italienisches Kochbuch mit nach Hause nehmen! Übrigens: Bis auf wenige Ausnahmen sind alle Wörter mit der Endung »o« (im Plural »i«) männlich und die, die auf »a« (im Plural »e«) enden, weiblich.

abbacchio Milchlamm

abbacchio alla romana mit Rosmarin und Knoblauch im Ofen gebraten (in Rom ist Milchlamm besonders beliebt)

arborio Risottoreis, auch unter der Bezeichnung „avorio" im Handel

abruzzese, all' mit Chili scharf gewürzt

acacia, fiori di Akazienblüten, im Mai oft frittiert als Dessert

acciuga,ghe Sardelle(n)

acciugata Sardellenpaste als Sauce zu Fisch, Eiern und Kartoffeln (Erdäpfeln)

acerbo herb, bitter, unreif

aceto Essig

aceto, all' mit Essig

aceto balsamico Weinessig aus weißem Traubenmost, der in kleinen Fässern aus aromatischem Holz gelagert wird. In bestimmten Abständen wird der verdunstete Teil aufgefüllt. Je älter (3 – 25 Jahre), desto besser und teurer. Ursprünglich aus Modena

aceto di vino Weinessig

aceto, sott' in Essig eingelegt

acetosella Sauerampfer

acido sauer, herb

acqua Wasser

acqua con gas / gassata Mineralwasser mit Kohlensäure

acqua di conduttura al di rubinetto Leitungswasser

acqua naturale, non gassata stilles Wasser ohne Kohlensäure

acqua liscia Wasser ohne Kohlensäure (selten gebrauchter Ausdruck)

acqua gassata Mineralwasser mit Kohlensäure

acqua potabile Trinkwasser

acquacotta ursprünglich einfache Suppe (gekochtes Wasser), heute Suppe mit Gemüse und Brot (Toskana)

acquavite Branntwein, Schnaps

affetta tartufi Trüffelhobel

affettato in Scheiben geschnitten, Aufschnitt

affogato pochiert

affumicato geräuchert

aggiungere hinzufügen

agliata Knoblauchsauce (Ligurien)

aglio Knoblauch

aglio, testa d' Knoblauchknolle

aglio, spicchio d' Knoblauchzehe

aglio, treccia d' Knoblauchzopf

aglio, orsino Bärlauch (ist aber in Italien kaum bekannt)

agnellino Lämmchen

agnello Lamm

agnello di latte Milchlamm

agnello pasquale Osterlamm

agnolini kleine Ravioli, rund oder halbrund

agnolotti mit Fleisch gefüllte Teigtaschen (Piemont)

agro-dolce süß-sauer

– TIPP –

Essenszeit: Je südlicher desto später: In Norditalien geht man ab 20 Uhr, in der Mitte des Landes ungefähr um 21 Uhr zum Essen, und wer sich ganz im Süd aufhält, kann sich auch bis 22 Uh mit dem Restaurantbesuch Zeit lassen. Diese späten Öffnungsze ten gelten aber nur für Städte un für Pizzerien, die überall bis Land lange offen haben. Das Mittages sen beginnt gegen 13 Uhr und kann sich bis in den späten Nach mittag hineinziehen.

agrumi Zitrusfrüchte

aguglia Hornhecht (Salzwasser)

ala,i Flügel

alalonga weißer Tunfisch (schmeckt feiner als der rote) (Salzwasser)

albicocca,-ocche Aprikose(n)

albume,i Eiweiß(e), Eiklar

alchermes süßer roter Likör aus Gewürzen, Blütenblättern und Kräutern, für Süßspeisen

al dente bissfest

alga,e Alge(n)

alice,i kleine Sardelle(n)

alimentari Lebensmittelgeschäft

all'azione diretta del fuoco über dem Feuer braten

alloro, foglia d' Lorbeerblatt

amarella Beifuß (der in Italien allerdings für medizinische Zwecke verwendet wird)

amarena,e Sauerkirsche(n)

amaretti Mandelmakronen

amaretto Mandellikör

amaro bitter

amatriciana, all' scharfe Nudelsauce mit Speck, Tomaten und Peperoncino, mit Schafkäse

anacardio Cashewnuss

analcolico alkoholfrei

anatra (auch „anitra") Ente

anatra selvatica Wildente

anelletti/anellini kleine Tortellini (Sizilien)

aneto Dill

anguilla,e Aal(e)

anguria regionale Bezeichnung für Wassermelone

anice Anis

anice stellato Sternanis

animelle Bries

anisetta Anislikör

anitra,e andere Bezeichnung für Ente(n)

anolini/agnolotti gefüllte halbrunde Teigtaschen (Emilia-Romagna)

antipasto Vorspeise

antipasto assortito gemischte Vorspeise

antipasto della vetrina Vorspeise aus der Vitrine

antipasto misto gemischte Vorspeise

aperitivo Aperitif

aperol Bitterlikör aus Rhabarber und Kräutern, für Cocktails (Venetien)

aperto geöffnet, offen

apribarattoli / apriscatole Dosenöffner

arachide,i Erdnuss(nüsse)

aragosta,e Languste(n) (Salzwasser)

arancia,e Orange(n)

arancia amara Pomeranze

aranciata Orangenlimonade

arancini di riso gefüllte und frittierte Reiskugeln in Orangengröße mit einer Fleisch- oder Käsefüllung, Imbiss (Sizilien)

aringa,ghe Hering(e) (Salzwasser)

arista Schweinebraten mit Kräutern (Toskana)

aromi aromatische Kräuter oder Gewürze, gemischt

arrabbiata, all' scharfe Sauce (meist zu Nudeln, vor allem Penne) aus Tomaten, Knoblauch und Peperoncino

– TIPP –
Al bar: Auch schon einmal wartend an der Theke einer Bar gestanden? In Italien geht man in der Regel zuerst an die Kasse und äußert seine Wünsche, bekommt die Quittung und geht damit an die Theke. Mit dem kleinen Zettel in der Hand wird man rasch nach seinen Wünschen gefragt.

arrescottu sardischer Name für Ricotta

arrostire braten, rösten

arrosto Braten

arsiccio seltener Ausdruck für angebrannt, ausgedörrt

ascolana fleischige Olivensorte (grün)

asiago mild-würziger Schnittkäse mit hellem Teig, der hauptsächlich in Venetien hergestellt wird

asinello Schellfisch

asino Esel (wird in Italien nur in Venetien gegessen, dort auch als Salami)

asparagi Spargel(n), wobei damit in Italien in der Regel grüner Spargel gemeint ist, weil es weißen nicht oder kaum gibt

asparagi selvatici wilder Spargel

asparagi, punte d' Spargelspitzen

aspro herb, sauer

assaggiare kosten, probieren

assaggio Kostprobe

assortimento Auswahl

astice,i Hummer (Salzwasser)

aurora, pasta Nudeln mit sahniger Tomatensauce

aulivi Süditalienisch: Oliven

avellana Haselnuss

avena Hafer

averna Kräuterlikör

babà mit Rum getränkter Hefekuchen mit Rosinen (Süditalien)

bacca,-che Beere(n)

baccalà gesalzener getrockneter Fisch, meist Kabeljau (im Gegensatz zum »stoccafisso« gesalzen)

baccalà mantecato Paste aus eingeweichtem gedämpftem Fisch, Olivenöl, Petersilie, Salz, Pfeffer und Muskat (Venetien)

bacello,i Hülse(n), Schote(n)

baccellone zarter Frischkäse aus Kuh- oder Schafmilch

baci perugina oder baci di Perugia kleine Schokopralinen mit Nuss (Umbrien)

Bistecca alla fiorentina (S. 32).

bagna cauda warme Sauce aus Sardellen, Knoblauch, Butter und Öl, in die Gemüsestifte und Brot getunkt werden (Piemont)

bagnomaria Wasserbad

ballotte geschmorte Kastanien (Toskana)

balsamico bianco heller Essig aus Traubenmost (milder als der klassische »aceto balsamico«)

bambù Bambus

banana,e Banane(n)

banco Theke

bandiera rossa roter Bandfisch (Salzwasser)

barattolo,i Büchse, Glas

barbabietola,e rote Bete(n)

barbaforte Meerrettich, Kren

barbo,i Barbe (Süßwasser)

basilico Basilikum

– TIPP –
»Al sangue o bencotto?«
Wenn Sie ein Stück Fleisch vom Grill oder aus der Pfanne bestellen, wird der Ober Sie wahrscheinlich fragen, wie Sie es gerne gebraten haben möchten: »al sangue« – blutig, »medio« oder »di media cottura« – halbdurch oder »ben cotto« – ganz durchgebraten.

bassotti feine Bandnudeln

bastone gelegentlich gebrauchter Ausdruck für Stangenbrot

battuto fein gehackte Mischung, manchmal aus Gemüse und Kräutern, manchmal nur aus Petersilie, Knoblauch und Chilie

bavarese bayerische Creme, meist mit Früchten serviert

bavette wie Linguine schmale flache Nudeln

bazotto wachsweich gekochtes Ei

beccaccia,e Schnepfe(n)

Bel Paese milder weicher und fetter Butterkäse aus Kuhmilch

ben cotto gut gekocht, durchgegart (auch bei gebratenem Fleisch)

bertagnin Name für »baccalà« im Veneto (»baccalà« heißt hier der ungesalzene Trockenfisch, der im übrigen Italien »stoccafisso« heißt)

besciamella, salsa Béchamelsauce

bettelmatt Käse aus Kuh-Vollmilch

bevanda,e Getränk(e)

bevanda analcolica alkoholfreies Getränk

bianco d'uova Eiweiß, Eiklar, meist sagt man aber »albume«

bianco e nero frittierte Leber und Hirn (Ligurien)

bibita,e Getränk(e)

bicchiere,i Glas, Gläser

bicchierino,i Gläschen

bietola Mangold

bignè Beignet, Eclair: Brandteig mit süßer Cremefüllung

bigoli hausgemachte dicke , kurze Spaghetti (manchmal aus Vollkornmehl)

bigoli col' anara Bigoli mit Entensauce (Venetien)

bigoli in salsa Bigoli mit Zwiebel-Sardellen-Sauce (Venetien)

B

bigoli mori, scuri oder neri immer Vollkornbigoli

birra Bier

birra alla spina Bier vom Fass

birra chiara helles Bier

birra estera ausländisches Bier

birra in bottiglia Flaschenbier

birra in lattina Dosenbier

birra scura dunkles Bier

birreria Lokal mit Bierausschank, ähnlich wie eine Pizzeria, aber immer mit nur kleinem Angebot an Gerichten

biscotto,i Keks(e) / Zwieback

biscotti di Prato ähnlich wie Cantuccini, aber zusätzlich mit Pinienkernen (Toskana)

bistecca Beefsteak

bistecca alla fiorentina sehr großes Steak vom Filet am Knochen, am besten vom Chianina-Rind, gegrillt (Toskana)

bistecchina,e Rindersteak(s)

bocca Mund

bocca d'oro Adlerfisch (Salzwasser)

bocconcini kleine Mozzarellakugeln, aber auch: kleine Stücke, aber auch: Leckerbissen

bollire kochen

bollito gekocht

bollito misto gemischter gekochter Fleischtopf (meist Rindfleisch, Huhn und Zunge) mit salsa verde serviert

bolognese, alla ein Gericht, meist Pasta, mit Hackfleisch-Tomaten-Gemüse-Sugo in vielen Varianten

bomba Bombe, meist Süßspeise wie Eis oder Auflauf

bomboloni süße Krapfen (Toskana)

bonnito kleine Tunfischart (Salzwasser)

borlotti mittelgroße Bohnen mit rötlichen unregelmäßigen Streifen

borragine Borretsch

boscaiola, alla auf Holzfällerart, immer mit Pilzen

bottarga getrockneter und gepresster Rogen (gibt es vom Tunfisch – »di tonno« -, von der Meeräsche – »di muggine« – oder vom Lachs – »di salmone«), der in feinen Scheiben als Vorspeise oder gerieben oder gehobelt über Pasta gegessen wird. Selten und teuer wie Kaviar.

bottatrice Trüsche, Quappe (Süßwasser)

botte Fass, Tonne

bottiglia,e Flasche(n)

bovino,i Rind(er)

bovolo,i große Schnecke(n) (Venetien)

brace, alla vom Holzkohlengrill

braciola,e Kotelett (ist in der Toskana ohne, sonst mit Knochen)

branzino Wolfsbarsch, Seebarsch (Salzwasser)

brasato Schmorbraten

bresaola gesalzenes, luftge-
trocknetes und geräuchertes
Rindfleisch (aus der Keule oder
aus dem Filet, ähnlich wie
Bündner Fleisch), oft in hauch-
dünnen Scheiben mit Zitrone,
Olivenöl und Pfeffer als Vorspeise serviert

brigidini dünne Anisplätzchen
(Toskana)

broccoletti Brokkoli

broccolo Brokkoli (meist
violett)

broccoli di rapa manchmal
gebrauchter Ausdruck für die
Blätter vom Brokkoli mit kleinen
Röschen dran

broccoli romani große grüne
Brokkoliröschen, die es fast nur
im Latium gibt

brodetto di pesce Fischsuppe

brodino leichte Brühe

brodo Brühe, meist Fleischbrühe

brodo di dadi Brühe aus
Würfeln

brodo di ossa Brühe aus
Knochen

brodo di pollo Hühnerbrühe

brodo ristretto Kraftbrühe

brodo vegetale Gemüsebrühe

brovada in Weintrester einge-
legte milchsaure weiße Rüben,
werden zu langen Fäden gehobelt
und in Suppen eingelegt oder als
Beilage (mit Speck) gekocht
(Friaul)

broeto berühmte Suppe aus verschiedenen Fischen (Venedig)

bruciacchiato angebrannt

bruscandolo,i Hopfenspros-
se(n), aber auch Ausdruck für
wilden Spargel (Venetien)

bruschetta geröstete Brotscheiben, mit Knoblauch eingerieben
und mit Olivenöl beträufelt, auch
mit anderen Zutaten, z.B. Toma-
tenwürfeln

bucatini dicke Spaghetti mit
feinem Loch in der Mitte (fast
immer »all'amatriciana«)

buccia Schale

buccia d' arancia candita
Orangeat

budego selten gebrauchtes Wort
für Seeteufel (Salzwasser)

budino Pudding

budella Innereien

budelle typisches Innereien-
richt aus der Toskana (zwischen
Florenz und Prato)

bue Ochse

bue brasato al barolo Och-
senbraten in Barolowein

bufala Büffelkuh

– TIPP –

Caffè: »Caldo come
l'inferno, nero comme il diavolo,
puro come un angelo e dolce
come l'amore« – heiß wie die Höl-
le, schwarz wie der Teufel, rein
wie ein Engel und süß wie die
Liebe. Alles das soll der »caffè«
nach dem Essen sein, aber ganz
bestimmt kein Cappuccino oder
etwas anderes mit Milch. Und wer
einfach einen »caffè« bestellt, der
bekommt auch nichts anderes.

buono gut

burrata Mozzarella mit Butter- oder Ricotta(kern)

burrida Fischeintopf oder Suppe (Genua/Sardinien)

burro Butter

burro, al in Butter gebraten, mit Butter angerichtet

burro fuso geschmolzene Butter oder Butterschmalz

busecca alla milanese Mailänder Kuttelsuppe mit Gemüse und weißen Bohnen

buttàriga sardische Bezeichnung für bottarga

butalega ligurische Bezeichnung für bottarga

cacciagione Wildbret

cacciatora, alla nach Art der Jägerin: meist mit Tomaten, Pilzen, Speck und Kräutern, manchmal auch nur mit Knoblauch, Kräutern und etwas Essig

cacciatore kleine Salami (»sa-

lamino«) aus Schwein, manchmal auch Wildschwein

cacciucco gemischter Fischeintopf, mit gerösteten Brotscheiben serviert (Livorno, Toskana)

cacio Käse (alter, aber in vielen Regionen noch gebräuchlicher Name)

cacio primo sale junger Schafmilchkäse (Sizilien)

caciocavallo delikater birnenförmiger Kuhmilchkäse, der oft paarweise an Schnüren aufgehängt wird

caciofiore Weichkäse aus Ziegenmilch (Mittelitalien)

caffè Espresso

caffè corretto Espresso mit einem Schuss Alkohol, meist Grappa oder Sambuca

caffè decaffeinato koffeinfreier Kaffee

caffè d'orzo Malzkaffee, auch als Espresso

caffè latte Milchkaffee

caffè lungo verdünnter Espresso

caffè macchiato Espresso mit wenig warmer Milch

caffè ristretto besonders starker Espresso

caffettiera Kaffeemaschine für Espresso, auf dem Herd zu kochen

calamaretto,i kleiner Tintenfisch(e)

calamaro,i Tintenfisch(e)

caldarrosta,e geschmorte Kastanie(n)

– TIPP –

Ein, zwei Worte zur Aussprache: Die meisten italienischen Worte werden so ausgesprochen, wie sie geschrieben sind. Aber wie immer, geht es nicht ohne Ausnahme. »c« vor »i« und »e« wird wie »tsch« gesprochen, vor »a«, »o« und »u« wie unser »k«. Ist nach dem »c« ein »h«, spricht man es auch vor »i« und »e« wie »k«. Ähnlich verhält es sich mit dem »g«: vor »i« und »e« wie »sch«, sonst wie unser »g« auch. Und auch hier sorgt das »h« dazwischen für ein normales »g«.

caldo warm

calzone unterschiedlich gefüllte Pizzateigtasche

cameriere Ober, Kellner

camomilla Kamille

camoscio,i Gemse(n)

candito kandiert

canederli Knödel, meist Speck-knödel (Südtirol, Trentino)

canestrato Schafmilchkäse, der im Korb hergestellt wird und nach vier Monaten Reifezeit an-stelle von Parmesan verwendet werden kann (Sizilien)

canestrelli Mandelkringel

cannella Zimt

cannellini getrocknete weiße Bohnen

cannelloni Nudelrollen, meist gefüllt und im Ofen gebacken, im Piemont aus Pfannkuchen

cannoli Teigröhren mit süßer Füllung aus Ricotta, Schokolade und kandierten Früchten (Sizilien)

cannolicchi Meerscheide (Muschelart, Salzwasser)

canocchia,e Heuschrecken-krebs(e, Salzwasser)

Caprese: Mozzarella, Tomaten und Basilikum.

cantarello,i Pfifferling(e)

cantuccini harte Mandel-plätzchen (Toskana)

capalonga,ghe Schwertmu-schel(n) (Salzwasser)

capesana,e Jakobsmuschel(n) (Salzwasser)

capellini sehr dünne Spaghetti, Fadennudeln

capocollo Hals, Nacken vom Schwein oder Wurst aus diesem Teil

caponata süß-saures Aubergi-nengemüse mit Sellerie, Oliven, Kapern und Pinienkernen, meist kalt serviert (Sizilien)

capocuoco Küchenchef

capone Knurrhahn (Salzwasser)

cappellacci Nudelteighütchen, oft mit Kürbisfüllung (Emilia-Romagna)

cappelletti kleine gefüllte Teig-taschen in Hütchenform, meist in Brühe serviert (Emilia-Romagna)

cappero,i Kaper(n)

cappone Kapaun (kastrierter Hahn)

cappon magro »magerer Ka-paun«: üppiger Salat aus einge-weichtem harten Brot, Gemüsen, Fisch, Meeresfrüchten und Kräu-tern (Ligurien)

cappuccino Espresso mit heißer aufgeschäumter Milch

cappuccio Weißkohl

capra,e Ziege(n)

caprese, manchmal auch "insa-

lata caprese": Mozzarella- und Tomatenscheiben mit Basilikum und Olivenöl (Kampanien)

capretto Zicklein

caprino Ziegenkäse

capriolo,i Reh(e)

caramella Bonbon

caramello Karamel

carbonara, spaghetti alla Spaghetti mit Speck und Eiern (Latium)

carciofino,i kleine Artischocke(n)

carciofo,i Artischocke(n)

carciofi alla giudia Artischocken auf jüdische Art: in Olivenöl frittiert

carciofi alla romana mit dem gehackten Fleisch der Stiele, Minze und Knoblauch gefüllte und geschmorte Artischocken

cardio Herzmuschel (Salzwasser)

cardo,i Karde(n), artischocken-ähnliche Distelpflanze, von der man die Stiele isst

carne Fleisch

carne affumicata Räucher-fleisch

carne bovina, di manzo Rindfleisch

carne cruda rohes Fleisch

carne cruda all' Albese Tatar mit Trüffeln (Piemont)

carne equina Pferdefleisch

carne surgelata Tiefkühl-fleisch

carne tritata, macinata Hackfleisch

carne salata Pökelfleisch

carne suina Schweinefleisch

carnesecca Dörrfleisch

– TIPP –
Mit nach Hause nehme
Vieles von dem, was man in den schönen Tagen in Italien genosse hat, kann man dort in besserer Qualität als bei uns kaufen, oder es gibt einfach eine größere Auswahl. Greifen Sie zu bei Sardelle (»acciughe«), Kapern (»capperi«, – vor allem bei den in Salz eingelegten (»sotto sale«), getrockneten Steinpilzen (»funghi porcini« bei Pasta in allen Variationen, aber auch bei reifem lagerfähige Käse der Gegend, z.B. Pecorino. Besser lassen lassen sollten Sie alle frischen Sachen wie Gemüse und auch junge Käse.

carota,e Möhre(n)

carpa,e Karpfen (Süßwasser)

carpaccio rohe, hauchdünn geschnittene Rinderlende mit Olivenöl und Parmesan (Vorspeise)

carpione Gardaseeforelle

carpione, in oder **carpionata** in Essig oder Weinsud mariniert

carta Speisekarte

carta, alla Menü nach der Karte zusammenstellen

carta da musica papierdünnes knuspriges Brot (Sardinien)

cartoccio, al in der Papierhülle oder in Folie im Ofen gegart

casa, della nach Art des Hauses

casa, fatto in hausgemacht

casalinga, alla auf Hausfrauenart

casarecce gedrehte Nudeln

casareccio hausgemacht

casonsei große Teigtaschen mit Wurst-Spinat-Füllung (Lombardei)

cassata Biskuittorte mit Ricotta, Schokolade und kandierten Früchten (Sizilien), inzwischen oft Eis mit kandierten Früchten

cassola scharfe Fischsuppe aus zwölf Fischen (Sardinien)

castagna,e Kastanie(n)

castagnaccio flacher Kuchen aus Kastanienmehl mit Rosmarin, Rosinen, Pinienkernen; als Dessert oder zum Wein (Toskana)

castrato kastriertes Schaf, meist als Braten oder vom Grill zubereitet

catalogna leicht bitterer Salat, dem Löwenzahn ähnlich, roh oder gegart als Gemüse

cavallo,i Pferd(e)

cavallucci rustikale, dicke Plätzchen aus Mehl und Kastanienmehl mit Anis oder Fenchelsamen (Toskana)

caviale Kaviar

caviale, pasta di würzige Olivenpaste

cavolini di Bruxelles Rosenkohl, Kohlsprossen

cavolfiore Blumenkohl, Karfiol

cavolo Kohl, Kabis, Kraut

cavolo di Bruxelles manchmal gebraucht für Rosenkohl, cavolini di Bruxelles ist aber gebräuchlicher

cavolo cinese Chinakohl

cavolo d'inverno Grün-, Federkohl

cavolo nero Schwarzkohl (Toskana)

cavolo rapa Kohlrabi

cavolo rosso Rotkohl, Blaukraut, Rotkabis

cavolo verzotto Weißkohl (seltener: »cavolo bianco«), Weißkraut, Weißkabis

cazzoeula Eintopf aus Schweinefleisch, Wurst und Wirsing (Lombardei/Mailand)

ceca,che Glasaal(e)

ceci Kichererbsen

cecina Fladen aus Kichererbsenmehl (Toskana, Ligurien)

cedro (candito) Zitronat

cefalo,i Meeräsche(n) (Salzwasser)

cena Abendessen

cenere Asche (z.B. Käse kann darin gewälzt werden)

cereali Getreide

cerfoglio Kerbel

cernia,e Zackenbarsch(e) (Salzwasser)

cervo Hirsch

cervello Hirn

cetriolo,i Gurke(n)

cetriolini sott'aceto Essig-gürkchen

chianina,e weiße Rinder aus dem Chianatal (Toskana)

chicco Kern, Korn

chiocciola,e Schnecke(n)

chiocciola,e di mare oder **chiocciole marine** Meeres-schnecke(n)

chiodino,i Trompetenpilz(e)

chiuso geschlossen

ciabatta längliches flaches Weißbrot

cialda,e Waffel(n)

cibo Essen, Mahlzeit

cibreo Frikassee aus Hühner-leber, -kämmen und -nieren (Toskana)

cicala,e di mare Heuschreck-enkrebs (Salzwasser)

ciccioli Grieben

cicerello Sandaal (Salzwasser)

ciclottero Seehase (Salzwasser)

cicoria di Bruxelles Chicorée

ciliegia,e Kirsche(n)

ciliegiolo, grappa di Kirsch-schnaps

ciliegiolo, liquore di Kirsch-likör

cima alla genovese Gefüllte Kalbsbrust mit einer reichhalti-gen Füllung aus Bries, Erbsen, Brot und Kräutern (Ligurien)

cima di petto Kalbsbrust

cima di rapa aromatische Blät-ter von einer Rübenart oder vom Broccoli, als Gemüse zubereitet

cinghiale Wildschwein

cioccolatino,i Praline(n)

cioccolata heiße Trinkschokolade

cioccolato Schokolade

cipolla,e Zwiebel(n)

cipollata Gemüsesuppe (Toskana)

– TIPP –
Die Rechnung: »Pagar alla romana« heißt, dass jeder für sich bezahlt. In Italien gilt dies als stillos; man traut diese Art der Zahlungsweise höchstens dem für Arroganz und Manierlosigkeit bekannten Römer zu. Bezahlt wird gemeinsam, hinterher teilt man unter sich.
Ein absolutes Muss: Lassen Sie sich immer die Quittung, »ricevuta« geben. Das ist Vorschrift und kann beim Verlassen des Lokals über-prüft werden, übrigens auch nach dem Besuch einer Bar.

cipollina Schnittlauch

cipollotto,i Frühlings-zwiebel(n)

ciuppin Suppe aus verschiede-nen Fischen (Ligurien)

civet Hasenpfeffer (vor allem im Piemont so genannt)

coccola,e Hagebutte(n)

cocomero,i Wassermelone(n)

coda Schwanz, gemeint ist Ochsenschwanz

coda di rospo Seeteufel, wörtlich: Schwanz vom Seeteufel, im Gegensatz zum breiten Kopf, den man nicht isst

collo Hals

collo d'oca Gänsehals, gefüllt

colomba pasquale Ostergebäck in Taubenform

colombaccio Wildtaube

coltello Messer

colza, olio di Rapsöl

composta Kompott

completo voll, besetzt

compreso inbegriffen

concentrato Tomatenmark

conchiglia,e di San Giacomo Jakobsmuschel(n) (Salzwasser)

– TIPP –
Trinkgeld: Service (»servizio«) und Mehrwertsteuer (IVA) sind in der Regel im Preis enthalten; das wird auch auf der Speisekarte angekündigt. Doch damit man sich wie überall auf der Welt nicht vom Trinkgeldgeben freigekauft. Ein Dankeschön für netten Service in Form einiger kleiner Scheine ist eine schöne Sitte. Vorausgesetzt, man wurde gut bedient!

conchiglie Muschelnudeln, oft so groß, dass man sie füllen kann

condimento Würze, Gewürz

confettura Konfitüre

congelato tiefgefroren

congro Meeraal

coniglio Kaninchen

cono gelato Eistüte

conto Rechnung

contorno,i Beilage(n)

coperto Gedeck

coppa luftgetrockneter Schweinenacken als Aufschnitt, aber auch Eisbecher

coppa di testa Schweinekopfwurst, ähnlich wie Schweinskopfsülze

coratella Lamm- oder Zickleininnereien

coregone,i Renke(n), Felche(n) (Süßwasser)

coriandolo Koriander

cornetto, i Hörnchen

corvo oder corvina Meerrabe (Salzwasser)

corzetti kleine hausgemachte Nudeln (Ligurien)

coscette di rana Froschschenkel

coscia,e Keule(n)

coscia di pollo Hühnerkeule

costa Rippe

costardella,e Makrelenhecht(e) (Salzwasser)

costata Rippenstück

costata di manzo Entrecôte

costoletta,e Kotelett(s), gemeint ist meist Schweinekotelett

costoletta alla milanese paniertes Kotelett

– TIPP –

Frühstück auf italienisch:
Ein ausgiebiges Frühstück kennt und liebt man in Italien nicht. Man geht einfach in die nächste Bar, bestellt einen »caffè« oder einen Cappuccino und nimmt allenfalls ein »dolce« dazu. Fragen Sie nach »una brioche«, was allgemein die süßen Teilchen meint, egal, ob Hörnchen oder Windbeutel. Man wird Sie fragen, welches Sie wollen, und das können Sie dann per Fingerzeig aussuchen. Noch ein Tipp am Rande: Entgegen einer weit verbreiteten Meinung wird es in Italien nicht gerne gesehen, wenn man sich einfach selbst bedient – egal, ob aus der Vitrine in der Bar oder auf dem Markt. Diskutieren ja und aussuchen auch, aber erst, wenn man an der Reihe ist.

Cappuccino und Brioche – das italienische Frühstück.

costoletta alla valdostana mit Fontina überbackenes Kalbskotelett (Aostatal)

cotechino geräucherte Schweinewurst, die warm gegessen wird (Modena)

cotenna Schwarte

cotto gekocht

cozza,e Miesmuscheln(n)

crauti Sauerkraut

crema Rahm, Sahne, Obers

crema, alla in Rahmsauce

cremino Streichkäse aus Kuhmilch

cren Meerrettich, Kren

cremoso cremig, sahnig

crescione Kresse

crescione d'acqua Brunnenkresse

crespelle Pfannkuchenröllchen mit Füllung, meist pikant, z.B. mit Ricotta und Gemüse

cresta Hahnenkamm

creta, alla im Tongeschirr gegart

croccante knusprig

crocchetta,e Krokette(n)

crosta Kruste, Rinde

crostacei Krustentiere

crostata flacher, knuspriger Mürbeteigkuchen mit Früchten oder Konfitürenfüllung

crostino,i (geröstete) Brotscheibe(n) mit Belag (meist feine Cremes, z.B. aus Hühnerlebern)

crudo roh

crudità Rohkost

cubetti di ghiaccio Eiswürfel

cucina pronta Fertiggerichte, aber auch solche, die beispielsweise der Metzger fertig gewürzt und vorbereitet anbietet, die man zu Hause nur noch gart

cucchiaio Löffel

cucchiaino Teelöffel

culatello luftgetrockneter Schweineschinken (Friaul,

Sauris-Tal) oder Schinkenwurst (Emilia-Romagna)

culingionis Nudeltaschen mit Spinat und Schafkäse (Sardinien)

cumino Kümmel

cuocere kochen

cuoco Koch

cuore Herz

cuore edule oder **cuoretto** Herzmuschel (Salzwasser)

dado,i Würfel, gemeint ist meist ein Brühwürfel für Suppe

daino Damhirsch

dattero,i Dattel(n)

dattero,i di mare Meeresdatteln (Muschelart, Salzwasser)

denso dickflüssig

dente, al bissfest

dente di leone Löwenzahn

dentice,i Zahnbrasse(n) (Salzwasser)

diavola, alla auf Teufelsart, ein scharf gewürztes Gericht, oder auch einfach: scharf gebraten

digestivo Digestif

diliscato entgrätet

disossato entbeint, von den Knochen gelöst

ditali oder **ditalini** kurze, gerillte Röhrennudeln

dolce süß

dolcelatte sehr milder Gorgonzolakäse

dolcetta Feldsalat, Nüsslisalat, Vogerlsalat

dolci Süßigkeiten

dorare bräunen

dragoncello Estragon

droga,-ghe Gewürz(e)

duro hart

eglefino Schellfisch (Salzwasser)

eliche Spiralnudeln

endivia Endivie

erba,e Kraut, Kräuter, aber auch Sammelbegriff für Gemüse

erba brusca Sauerampfer

erbazzone pikanter Mürbeteigkuchen aus Spinat oder Mangold, Kräutern, Eiern und Parmesan (Emilia-Romagna)

erboristeria Gewürzladen

etto hundert Gramm

fagiano,i Fasan(e)

fagioli all'uccelletto weiße Bohnen mit Salbei und Tomaten geschmort (Toskana)

fagiolino,i grüne Bohne(n), Fisolen

fagiolo,i Bohne(n), gemeint sind immer Bohnenkerne, meist die getrockneten weißen

fagiolone oder **fagiolo di Spagna** Feuerbohne

fame Hunger

faraona,e Perlhuhn(hühner)

farcito gefüllt

farfalle Schmetterlingsnudeln

farina Mehl

farina bianca weißes Mehl

farina di granturco Maismehl

farina di segale Roggenmehl

farina dolce Kastanienmehl

farina doppio zero feinstes Mehl

farina gialla Maismehl

farina integrale Vollkornmehl

farina zero feinstes Mehl

farinata Fladen aus Kicher-erbsenmehl (wie »cecina«, Ligurien)

farro Dinkel

farsumagru Rinderrollbra-ten mit reichhaltiger Füllung aus Schinken, Käse, Ei usw. (Sizilien)

fasoi mundartlicher Name für Bohnen (Venetien)

fatta in casa hausgemacht

fattura Rechnung

fava,e dicke Bohne(n), Sau-bohne(n)

favolo,i Taschenkrebs(e) (Salzwasser)

fecola Stärkemehl

fecola di patate Kartoffel-mehl

fecola di riso Reisstärke

fedelini Fadennudeln

fegatelli Spieße mit Schweine

leber, Brot und Lorbeer (Toskana)

fegatino,i Geflügelleber(n)

fegato Leber

fegato alla veneziana Kalbs-leber mit Zwiebeln (Venetien)

ferri, ai vom Grill

fetta, fettina Scheibe, kleine Scheibe

fettuccine,i mittelbreite Band-nudeln

fettunta geröstete Brot-scheibe mit Knoblauch, Öl und oft Gemüse

fico,-chi Feige(n)

fico d'India Kaktusfeige

filata alle Arten von Brühkäse

filetto Filet

– TIPP –
Gegen den Hunger zwischendurch: Schon Stunden auf den Beinen und noch nicht richtig gegessen? Gegen den kle-nen Hunger bekommt man in Ita-lien in jeder Bar ein »panino«, in der Paninoteca sogar eine reichli-che Auswahl. Ein Lokal mit der Be-zeichnung »tavola calda« ist wie die »rosticceria« eine Art Imbiss-stube, und auch in jeder Enoteca mit Ausschank kann man zumin-dest eine Bruschetta essen. Ebenfalls gut für eine Kleinigkeit zwischen durch: die »birreria«.

filone di pane Stangenbrot

finanziera Ragout aus Innerei-en (Piemont)

finferlo,i Pfifferling(e), Eier-schwammerl, Eierschwämme

finocchio,-chi Fenchel

finocchio selvatico wilder Fenchel

finocchio, semi di Fenchelsamen

finocchiona rohe Schweinewurst mit Fenchelsamen (Toskana)

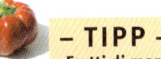

– TIPP –
»Frutti di mare« – Wie isst man sie richtig?
Verlockend liegen sie in der Vitrine und laden geradezu zum Genießen ein. Und doch scheint es nicht immer ganz einfach, an das zarte Fleisch im harten Panzer heranzukommen. Machen Sie es so: Von Scampi und Garnelen einfach den Kopf abziehen, die Schalensegmente am Bauch aufbrechen und ablösen.
Versuchen Sie es erst gar nicht mit Messer und Gabel, jeder nimmt dafür die Finger. Aus einer Muschel wird das Fleisch mit der Gabel herausgezogen; die beiden Muschelhälften dienen dann als Esswerkzeug. Hummer und Langusten bekommen Sie ausgelöst oder schon so weit geöffnet, dass Sie sicher leicht an das Fleisch herankommen. Falls die Scheren noch ganz sind, bekommen Sie dazu ein Werkzeug, das ähnlich wie ein Nussknacker funktioniert.

fiocchi (Getreide-)Flocken

fiordilatte Käse aus sahniger Kuhmilch, ähnlich wie Mozzarella

fiorentina, alla berühmt ist die »bistecca«, sonst meist »alla fiorentina«, oft ein Gericht mit Spinat

fiori Blüten, Blumen

fiori di zucca Kürbisblüten

fiori di zucche oder **fiori di zucchine,i** Zucchiniblüten

focaccia Fladenbrot aus Hefeteig, meist mit grobem Salz bestreut

focaccia alla salvia Fladenbrot mit Salbei im Teig, dünn gebacken (Ligurien)

fondente schmelzend

fonduta Käsefondue aus Fontina, Milch und Eigelb, in der Edelvariante mit weißen Trüffeln (Piemont)

fonta zarter Kuhmilchkäse, ähnlich wie der Fontina

fontina halbweicher, fetter Kuhmilchkäse (Aostatal)

forchetta,o Gabel(n)

formaggio Käse

formaggi assortiti Käseplatte

formaggio bianco Frischkäse

formaggio dolce milder Käse

formaggio duro Hartkäse

formaggio fresco Frischkäse

formaggio grattugiato geriebener Käse

formaggio piccante würziger Käse

fornaio Brotbäcker

forno Ofen, aber auch Bäckerei, in der man auch Pizza und Focaccia bekommt

forno, al aus dem Ofen, überbacken

fragola,e Erdbeere(n)

fragola di bosco Walderdbeere

frantoio Olivenpresse

frattaglie Innereien

freddo kalt

fresco frisch

friggere frittieren, ausbacken

fritole kleine frittierte Hefeteigbällchen, manchmal auch aus Reisteig (Venetien)

frittata Omelett

frittella,e kleiner Pfannkuchen

frittelle di riso frittierte süße Reisbällchen

fritto ausgebacken, frittiert

fritto misto gemischtes Frittiertes, je nach Gegend Fisch, Fleisch und/oder Gemüse

fritto misto di mare gemischte frittierte Fische und Schaltiere

frittura in Öl Ausgebackenes

frullato gemixt, Mixgetränk

frumento Weizen

frutta Früchte, Obst

frutta candita kandierte Früchte

frutta cotta Kompott

frutta fresca frisches Obst der Saison

frutta sciroppata Früchte in Zuckersirup

frutta secca Dörrobst

frutti della martorana Früchte und Gemüse, aber auch Fisch aus Marzipan (Sizilien)

frutti di mare Meeresfrüchte

fruttivendolo Obst- und Gemüsehändler

fungo,-ghi Pilz(e), Schwammerln

fungo coltivato Zuchtpilz

fungo porcino Steinpilz

fungo prataiolo Feld- und Wiesenchampignon

fungo secco Trockenpilz, Trockenschwammerl

funghi trifolati geschmorte Pilze, Schwammerl, fast immer mit Knoblauch und Petersilie

fuoco Feuer

– TIPP –
Keine Speisekarte:
Wenn der Wirt selbst die Speisekarte ist und temporeich das Menü vorträgt, empfehlen wir, wie beim Glücksrad irgendwann stopp zu sagen. Nicht jeder Versuch ist ein Treffer, aber Sie werden bestimmt interessante Entdeckungen machen. Auf faire Preise können Sie sich dabei verlassen.

fuori stagione außerhalb der Hauptsaison

fusilli gekräuselte Nudeln, können lang oder kurz sein

fuso geschmolzen, zerlassen

fusto Fass

gallina,e Henne(n)

gallinella Knurrhahn, aber auch Feldsalat

gallo,i Hahn, für Gerichte mit Hahn sagt man aber »pollo«

gamberetto,i kleine Garnele(n)

gambero,i Garnele(n)

gambero d'acqua dolce Süßwasserkrebs

gambero di fiume Flusskrebs

gambero marino Hummer

gamberone,i große Garnele(n)

garofano, chiodi di Gewürznelken

garusole Dialektausdruck für Herkuleskeule (Schneckenart, Salzwasser)

garusole femena Dialektausdruck für Purpurschnecke

gassosa Limonade, Sprudel

gattuccio Dornhai, Dornfisch (Salzwasser)

gelatina Gelee, Aspik

gelateria Eisdiele

gelato (Speise-)Eis, gefroren

gelone,i Austernpilz(e)

gelso Maulbeere

gelsomino Jasmin

gheriglio,i Kern(e) von Nüssen

ghiaccio Eis(-würfel)

ghiozzo Grundel (Salzwasser)

gianduiotto Haselnuss-Schoko-Praline (Piemont)

ginepro Wacholder

girasole Sonnenblume

girasole, grenelli di oder **semi di** Sonnenblumenkerne

girarrosto Brat-, Drehspieß

gnocchi kleine Klößchen aus gekochten Kartoffeln und Mehl, aber auch eine Nudelsorte, die ähnlich aussieht

gnocchi di patate Kartoffelnocken

gnocchi alla romana Grießklößchen oder -scheiben, die auch überbacken werden

gobido,i oder **gobione,i** Fisch aus der Familie der Grundel (Salzwasser)

gorgonzola Edelpilzkäse aus Kuhmilch, den es in zwei Geschmacksrichtungen gibt, mild: »dolce« und sehr würzig: »piccante« (Lombardei)

grana padano Hartkäse, der wie Parmesan hergestellt, aber nicht ganz so lange gereift wird (10–18 Monate)

grana trentino Hartkäse aus Rohmilch

granchio (Meeres-)Krebs

granciporro,i Bezeichnung für verschiedene Krebse (Salzwasser)

grancevola Seespinne (Salzwasser)

granita aromatisiertes, zerstoßenes Eis

granita di caffè gefrorener Espresso

grano Korn, Weizen

grano dolce Dessert aus gekochten Weizenkörnern, Schokolade und Sahne, oft mit Granatapfelkernen

grano duro Hartweizen (für Pasta und Brot)

grano tenero Weichweizen, hauptsächlich für Brot

gran(o)turco Mais

grappa Branntwein aus Trester, besonders gut aus nur einer Traubenart, z.B. Grappa di Barolo

grappa della ruta Weinrautenschnaps (Friaul)

grasso fett, Fett

gratt(ugi)ato gerieben

gremolata gehackte Zitronenschale, Petersilie und Knoblauch, zu Ossobuco serviert

griglia Grill

grigliata mista gemischter Grillteller

grissini kleine knusprige Stangen aus Brotteig

grongo,i Meeraal (Salzwasser)

grosso groß, dick

groviera, grùviera Greyerzer, Gruyère

guarnito garniert, gewürzt

gustare probieren, schmecken

gusto Geschmack(-srichtung)

imbevuto getränkt

imbottito gefüllt

imburrato mit Butter bestrichen

impanato paniert

inacidito säuerlich, sauer geworden

indivia Endivie

infarinata Suppe aus Maismehl, Gemüse, Schweinefleisch und Knoblauch, in der Toskana auch fester Brei, den man in Scheiben schneiden kann

infarinato in Mehl gewälzt

ingredienti Zutaten

insaccato gefüllt, Wurstware

– TIPP –
Rauchen: Was andernorts die Gesellschaft in zwei unversöhnliche feindliche Lager spaltet, wird im Land des Genießens die gute Laune nicht trüben. Geraucht wird überall, auch wenn es man verboten ist, beispielsweise in vielen Bars.

insalata Salat

insalata cappuccina Kopfsalat, Häuptelsalat

insalata di arance Orangensalat mit Zwiebeln (Sizilien)

insalata di mare Meeresfrüchtesalat

insalata mista gemischter Sala

insalata verde grüner Salat

interiora Innereien

intero ganz

intingolo Tunke, Sauce, aber auch Mischmasch

intruglio Mischmasch

involtini gefüllte Röllchen aus Fleisch, Fisch oder Gemüse

inzuppato eingeweicht

ippoglosso Heilbutt (Salzwasser)

lampone,i Himbeere(n)

lampreda Neunauge (Salzwasser)

lampredotto zweiter Magen der Kuh (wird zubereitet wie »trippa«)

lampuga,e Goldmakrele(n) (Salzwasser)

lardellato gespickt

lardello Speckstreifen

lardo Speck

lasagne breite Nudelplatten oder auch einfach breite Nudeln

»Lasagne al forno«

lasagne al forno geschichtete Nudelblätter aus dem Ofen meist mit Hackfleischsauce und Béchamel; Emilia-Romagna)

latte Milch

latte di capra Ziegenmilch

latte di pecora Schafsmilch

latte fresco frische Milch

latte inacidito Dickmilch

latte intero Vollmilch

latte macchiato Milch mit einem Schuss Espresso

latte magro Magermilch

latte scremato entrahmte Milch

latteria Milchgeschäft

latterini in saor kleine gebratene Ährenfischchen, in Essig mariniert (Venetien)

latticello Buttermilch

latticini Milchprodukte

lattina Büchse, Dose

lattuga Kopfsalat, Häupterlsalat

lattuga romana Römersalat

lauro Lorbeer

lavanda Lavendel

lavarello,i Renke(n) (Süßwasser)

lecca a lecca Lutscher

leccia Gabelmakrele (Salzwasser)

legato legiert, gebunden

legumi Gemüse, Hülsenfrüchte

lenticchia,e Linse(n)

lepre Hase

lesso gekocht

lievito Hefe

lievito di birra Bierhefe

lievito in polvere Backpulver

limanda,e Kliesche(n), Limande(n) (Salzwasser)

limonata Zitronenlimonade

limoncello Zitronenlikör

limone,i Zitrone(n)

lingua Zunge

linguine schmale flache Nudeln

liquido flüssig

liquirizia Lakritze

liquore Likör

liscio glatt, pur

lista Liste, Karte

lista dei cibi Speisekarte

lista dei vini Weinkarte

lista del giorno Tageskarte

lista delle bevande Getränkekarte

lista delle vivande Speisekarte

litro,i Liter

lombata Lendenstück

lombo Lende, aber auch Rücken vom Schwein

lonza Lendenstück vom ...

luccio Hecht (Süßwasser)

luccio di mare Pfeilhecht, Barrakuda (Salzwasser)

lucioperca Zander (Süßwasser)

luganiga Schweinewurst mit Kräutern und Parmesan, meist zu Risotto oder Pasta serviert (Lombardei)

lumaca,-che Schnecke(n), aber auch Nudeln in Schneckenform

lungo lang

lupicante Hummer

– TIPP –

Auf dem Markt:
Einen »mercato« gibt es in jeder Stadt und auch in fast jedem Dorf an einem bestimmten Wochentag. Dort bekommt man neben frischem Obst und Gemüse alles für den Haushalt, Kleidung, Schuhe, Pflanzen und einen Imbiss. Auf vielen steht zusätzlich ein Wagen mit den verschiedensten Käsesorten und manchmal sogar ein Fischwagen. Wer sich selbst verpflegt, aber auch, wer einfach das pulsierende italienische Leben mag, sollte sich rechtzeitig nach Ort und Tag erkundigen. Gute Auskunftsquellen sind übrigens immer die örtliche Bar oder auch der Zeitungshändler.

Gegrillter Hummer

lupo di mare (Gestreifter) Seewolf, Katfisch (Salzwasser)

maccarello,i Makrele (Salzwasser)

maccarones sardischer Name für Makkaroni

maccheroni Makkaroni, also dicke Nudeln mit Loch in der Mitte

maccheroni alla ceppa gedrehte lange Nudeln (Abruzzen)

maccheroni alla chitarra viereckige Nudeln, die durch Saiten einer gitarrenähnlichen Maschine gedrückt werden

– TIPP –
»Zuppa«, »minestrone« oder »minestra«?
Verwirrt Sie die unterschiedliche Bezeichnung bei den Suppen auch immer wieder? Also, eine »zuppa« ist immer eine Suppe mit Brot, egal ob die klare Brühe mit dem Ei und der Brotscheibe (»zuppa pavese«) oder die gehaltvolle Zwiebelsuppe mit Brot (»zuppa di cipolle«). Eine »minestrina« hingegen ist mit Pasta gemacht, kleinen Nüdelchen oder auch mal größeren. Und die »minestrone« ist und bleibt eine Gemüsesuppe, die man in unzähligen Varianten bekommt.
Alles, was sich nicht zuordnen lässt, ist eine »minestra«, also eine »ganz normale« Suppe.

macedonia Obstsalat

macellaio Metzger

macelleria,e Metzgerei(en)

macinato gemahlen, Hackfleisch, Faschiertes

maggiorana Majoran

magro mager

maiale Schwein

maialino Ferkel

maionese Mayonnaise

malfatti (schlechtgemachte, weil mit dem Löffel abgestochene und daher unregelmäßig geformte) Spinat-Ricotta-Nocken (Lombardei)

malloreddus Grießnocken mit Safran (Sardinien)

malto Malz

mancia Trinkgeld

mandarancio,i Clementine(n)

mandarino,i Mandarine(n)

mandorla,e Mandel(n)

mandorlato Mandelkuchen

maniera, alla auf Art von …

manteca Kuh- oder Büffelmilchkäse, gefüllt mit Butter

miscela Mischung

mantecato zu Mus püriert

maraschino fruchtiger Likör aus der Maraskakirsche

mare e monti Gericht mit einer Zutat aus dem Meer und einer aus den Bergen, meist mit Meeresfrüchten und (Stein-)Pilzen

maremmane imposante Rinder aus der Maremma (Toskana)

marinara, alla auf Seemannsart, meist mit Tomaten, Kräutern, Sardellen, Kapern und Knoblauch

marinata Marinade, mariniert

marmellata Marmelade

marrone,i Esskastanie(n)

marsala Dessertwein aus der Gegend von Marsala (Sizilien)

marzapane Marzipan, kann im Piemont auch eine süße Blutwurst sein

marzolino junger Pecorino, der im März hergestellt wird und den man vor allem mit jungen und rohen dicken Bohnen – «fave» – isst (Toskana)

mascarpone sahniger Frischkäse, der hauptsächlich für die Zubereitung von Desserts, aber auch für Nudelfüllungen verwandt wird

maturo reif

mazzancolla roter Furchenkrebs, Garnelenart (Salzwasser)

mazzetto Bund, Strauß

medaglione Medaillon

mela,e Apfel, Äpfel

mela,e cotogna,e Quitte(n)

melagrana,e Granatapfel

melangolo,i Bitterorange(n) mit kräftigem Geschmack

melanzana,e Aubergine(n)

melica Mais (vor allem im Piemont verwendete Bezeichnung)

melone Honigmelone

melone cantalupo sehr aromatische Honigmelone mit gelborangem Fleisch (nach dem gleichnamigen Ort in der Nähe von Rom benannt)

menta Minze

menta piperita Pfefferminze

menù Menü, auch Speisekarte

mercato Markt

merenda Imbiss

meringa,ghe Baiser

merlango Merlan (Salzwasser)

merluzzo (bianco) Kabeljau, Dorsch (Salzwasser)

merluzzo giallo Pollack (Salzwasser)

merluzzo nero Seelachs (Salzwasser)

messicani Kalbfleischröllchen mit reichhaltiger Füllung aus Wurst oder Leber (Lombardei)

metà Hälfte

mezza porzione eine halbe Portion

mezzo halb

– TIPP –
Dort können Sie einkaufen: Wer sich auf der Reise selbst versorgen möchte, findet alles, was er braucht beim/im:
Gemüsehändler – »ortolano« oder »fruttavendo
Metzgerei – »macelleria«
Bäckerei – »paneteria« oder »forno« (dann gib auch Pizza und »focaccia«)
Nudelshop – »pasta fresca«
Konditorei – »pasticceria«
Lebensmittel allgemein – »alimentari« oder »pizzicheria«

midolla (Brot-)Krume

midollo Mark

miele Honig

miglio Hirse

millefoglie Blätterteig

milza Milz

minestra Suppe

minestrina Suppe, meist mit (Suppen-)Nudeln

minestrone fast immer eine gehaltvolle Gemüsesuppe, meist mit Nudeln und/oder weißen Bohnen

mirtillo,i Heidelbeere(n), Blaubeere(n)

mirto Myrte, Myrtenlikör

miscela Mischung

misticanza »Gemisch«, Salat aus verschiedenen, zum Teil wild wachsenden Salaten und Gemüsen (Latium und andere Regionen)

misto gemischt

mitilo,i anderer Name für Miesmuschel(n)

mocetta getrocknetes Gemsenfleisch (Aostatal und Piemont)

molle weich

mollica Brotkrümel, auch Bezeichnung für geröstete Brotkrumen, werden z.B. in Sizilien über Nudelgerichte mit Fisch gestreut

molva Leng (Salzwasser)

montasio Kuhmilch-Käse aus teilentrahmter Milch, im reifen Zustand auch zum Reiben (traditionell aus dem Friaul)

monte bianco Kastanienpüree mit Sahnehaube (Lombardei)

montone Hammel(-fleisch)

mora,e Brombeere(n)

mora,e di gelso Maulbeere(n)

mormora (marmora, pagello) Marmorbrasse (Salzwasser)

moro oder **testa di moro** Orangensorte (zum Saftmachen)

mortadella große, aromatische Wurst aus Schweinefleisch und anderem Fleisch mit Fettstücken, sehr dünn geschnitten (Bologna)

mortadella di fegato Wurst aus Schweineleber und -fleisch mit Rotwein, die gekocht gegessen wird (Piemont)

mortaio Mörser

moscardino,i kleine Krake(n) (Salzwasser)

mostarda Senf, aber auch Senffrüchte, in Süditalien kann »mostarda« auch Most bedeuten

mostarda di Cremona Senffrüchte aus Cremona (Lombardei)

mostarda di frutta Fruchtsenf, mit Most gekocht

mostarda d'uva Früchte in eingekochtem Traubenmost, zu Fleisch (Piemont)

Ein Schlaraffenland für Fleischesser: die »macellerias«.

mosto Most

mozzarella wird ursprünglich aus Büffelkuhmilch hergestellt, inzwischen meist aus Kuhmilch. »Mozzarella di bufala« hat mindestens 50% Fett, der aus Kuhmilch 44%. Gibt es in verschiedenen Größen und Formen, muss rasch gegessen werden

mozzarella in carrozza Mozzarella zwischen zwei Brotscheiben paniert und frittiert (Kampanien)

mucca,che Kuh, Kühe

muggine Meeräsche (Salzwasser)

murena Muräne (Salzwasser)

murice Purpurschnecke (Salzwasser)

murice commune Herkuleskeule (Schneckenart, Salzwasser)

murseddu oder **morseddu** Ragout aus verschiedenen Innereien mit Tomaten (Kalabrien)

muscolo Bratenstück

muso Maul

muso di bue Ochsenmaul

napoletana, alla Tomatensauce mit Basilikum und/oder Sardellen und Kapern, auf der Pizza mit Mozzarella

nasello Seehecht (Salzwasser)

nasturzio Brunnenkresse

naturale Natur…

'ndocca verschiedene Teile vom Schwein, mit Knoblauch, Peperoncino und Rosmarin geschmort (Abruzzen)

navone weiße Rübe

necci Pfannkuchen aus Kastanienmehl, meist mit Ricottafüllung (Toskana)

nero schwarz

nero di seppie, al mit Tintenfischtinte, Pasta oder Risotto

nespola,e gelbe, aromatische und etwa pflaumengroße Kernfrucht, Mispel

nettarina,e Nektarine(n)

nocciola,e Haselnuss(-nüsse)

noce,i Nuss, Nüsse, gemeint sind meist Walnüsse

noce di cocco Kokosnuss

noce moscata Muskatnuss

nodini Kalbsrückenteil, kleiner Schnitt nahe dem Knochen

norma, alla Pastagericht mit Tomaten-Auberginen-Sauce (Sizilien)

nostrano einheimisch, aus der Region

oca, oche Gans, Gänse

occupato besetzt, voll

odore Geruch

odori Küchenkräuter

offerta Angebot

olio Öl

olio da tavola Speiseöl

olio di arachidi Erdnussöl

olio di colza Rapsöl

olio di girasole Sonnenblumenöl

olio di lino Leinöl

olio extravergine kaltgepresstes Öl aus der ersten Pressung

olio d' oliva Olivenöl

olio santo Olivenöl mit gehackten Peperoncini (Abruzzen)

olio vegetale Pflanzenöl

olio, sott' in Öl eingelegt

oliva,e Olive(n)

olive all'ascolana große entsteinte Oliven, mit Hackfleisch gefüllt, paniert und frittiert (Ascoli Piceno/Marken)

olive farcite gefüllte Oliven

olive schiacciate Olivenpaste mit Knoblauch, Chili, Essig und Oregano (Sizilien)

omaro Hummer (Salzwasser)

omogeneizzato homogenisiert

orata,e Goldbrasse(n), Dorade(n) (Salzwasser)

ordinazione Bestellung

orecchi Ohren (z.B. vom Schwein)

orecchia marina Seeohr, Meerohr (Salzwasser)

orecchiette Öhrchennudeln (Apulien)

orecchiette alla pugliese mit Broccoli, Knoblauch und Peperoncino

origano Oregano

ortaggi Gemüse

ortica,-che Brennnessel(n)

orzata Gerstensuppe (Tessin)

orzo Gerste, Graupen

ossa di mortu »Totenknochen« aus einem feinen Teig mit Nelkenpulver (Sizilien, Allerseelengebäck)

osso,i Knochen

ossobuco geschmorte Kalbshaxenscheiben mit Knochen in der Mitte

ossobuco alla milanese in Tomatensauce geschmort, mit Gremolata und Polenta serviert

oste Gastwirt

osteria Gasthaus, meist mit lokaler Küche

ostrica,che Auster(n) (Salzwasser)

ovolo Kaiserling (sehr geschätzter, aber selten angebotener Speisepilz)

pabassinas oder pabassa kleine Kuchen mit Zuckerglasur (Sardinien)

padella Pfanne

padrona, padrone Wirtin/Hausherrin, Wirt/Hausherr

paesana, alla auf ländliche Art

pagello,i Meerbrasse(n) (Salzwasser)

paglia e fieno »Stroh und Heu«, weiße und grüne Bandnudeln, meist hausgemacht

paglietta flacher kleiner Weichkäse

pagnotta runder Laib Brot

pagro mediterraneo Sackbrasse (Salzwasser)

paiolo Kochtopf, Pfanne

paiata, pagliata Kalbs- oder Milchlammdarm in Weißwein pikant geschmort (Rom)

palombaccio Wildtaube

palombo liscio Glatthai (Salzwasser)

panata Brotsuppe mit Öl, Käse und Tomaten

panato paniert

pan carré Toastbrot

pancetta gepökelter Bauchspeck vom Schwein

pancetta arrotolata gerollter Bauchspeck

pancia Bauch

pancotto Brotsuppe mit Öl, Käse und Tomaten

pan de mei flaches, süßes Gebäck aus Mehl und Maismehl (Lombardei)

pandoro traditioneller Hefekuchen, zu Weihnachten (Verona)

pane Brot

pane a cassetta Kastenbrot

pane a treccia Zopfbrot

pane carasau papierdünnes knuspriges Brot (Sardinien)

pane frattau »pane carasau«, mit Tomatenpüree, Schafskäse und Spiegeleiern belegt

pane grattato Semmelbrösel

pane integrale Vollkornbrot

pane toscano toskanisches Weißbrot ohne Salz

panetteria Brotladen, Bäckere[i]

panettone großer, runder und hoher Hefeteigkuchen mit kandierten Früchten und Rosinen (Weihnachtsgebäck aus der Lom[bardei]

panforte flacher gewürzter und gepfefferter Kuchen mit getrockneten und kandierten Früchten (Siena, Toskana)

– TIPP –

»Pane e coperto«:
Brot und Gedeck werden in Itali[e] immer extra berechnet. Das kostet den Gast meist um 3000 Lit., kann aber auch höher – bis zu e[t]wa 5000 Lit. – liegen. Ein hoher Rechnungsbetrag kann einen übrigens durchaus davon befrei[-]en, zusätzlich ein Trinkgeld zu ge[-]ben, vor allem dann, wenn der Service nicht so gut war, dass er den hohen Preis für das Gedeck rechtfertigt.

pangrattato Semmelbrösel, geriebenes Brot

panino,i Brötchen, Semmel, Brödli

panino imbottito belegtes Brötchen, Semmel, Brödli

paninoteca meist feineres Imbisslokal mit verschiedenen belegten Panini und Tramezzini

panna Sahne, Obers, Rahm

panna, alla in Sahne(Rahm)sauce

panna cotta »gekochte Sahne« aromatisches Sahnedessert, gestürzt (Emilia-Romagna)

– TIPP –
Pasta e basta?:
Einfach nur Nudeln, um satt zu werden? Bei uns eine Selbstverständlichkeit, in Italien ist allem in den meisten »ristorante« noch immer fast eine Beleidigung. Wer nur »un bel piatto di pasta«, also einen schönen Teller Nudeln, essen will, der sollte in eine Pizzeria gehen oder den Ober des »ristorante« fragen, ob man auch nur ein »antipasto« und ein »primo« essen kann, bevor er sich einen Platz sucht.

panna montata geschlagene Sahne, Schlagobers

pansoòti Gefüllte Teigecken mit Ricotta (Ligurien, meist mit Nusssauce serviert)

panzanella Salat aus Brot, Tomaten, Zwiebeln, Essig, Olivenöl und Kapern (Toskana)

panzarotti, panzerotti gefüllte und frittierte Teigtaschen, manchmal auch süß (Süditalien)

paparo alte Bezeichnung für Ente (Toskana)

papavero Mohn

pappa dicke Suppe, Brei

pappa al pomodoro dicke Suppe aus Tomaten, Brot und Kräutern (Toskana)

pappardelle breite Bandnudeln

parmigiana di melanzane Auberginenauflauf mit Parmesan

parmigiana, alla mit Parmesan zubereitet, meist überbacken

Parmigiano-Reggiano ursprungsgeschützter halbfetter und würziger Hartkäse, der mindestens 24 Monate reifen muss, ursprünglich aus der Emilia-Romagna

parmigiano magengo Käse, der zwischen April und November hergestellt wird

parmigiano vernengo Käse, der im Winter hergestellt wird

passato püriert, Püree, auch Gemüsecremesuppe

passera (di mare) Scholle

pasta Nudeln

pasta con le sarde Nudeln mit Sardinen, wildem Fenchel, Rosinen und Pinienkernen (Sizilien)

pasta e fagioli dicke Suppe aus weißen Bohnen und Nudeln (Toskana) oder mit roten Bohnen (Venetien)

pasta fredda kalt wie Salat zubereitete Nudeln

pasta fresca hausgemachte Nudeln

pasta in bianco nur mit Butter und Parmesan

pasta secca getrocknete Nudeln

pastasciutta Nudeln mit Sauce

pasta Teig

pasta frolla Mürbeteig

pasta lievitata Hefeteig

pasta pastella Ausbackteig

pasta sfoglia, sfogliata Blätterteig

pasticceria Konditorei

pasticcino kleines Gebäck

pasticcio Auflauf

pasto Essen, Mahlzeit

patata,e Kartoffel(n), Erdäpfel

patata,e dolce,i Süßkartoffel(n)

patate fritte Pommes frites

patate in camicia in der Schale gekochte Kartoffeln, Pellkartoffeln, Gschwellti

patate lesse Salzkartoffeln

patatine (fritte) Kartoffelchips

paternostri kleine Nudeln mit Schafkäse und Sauce

pavone Schwertfisch

pecora,e Schaf(e)

pecorino Schafkäse in unterschiedlichen Reifegraden

pecorino dolce milder Pecorino

pecorino fresco junger, frischer Pecorino, der noch nicht gerieben werden kann

pecorino pepato würziger Pecorino mit Pfefferkörnern

pecorino romano ausschließlich aus Schafmilch hergestellt (Latium)

pecorino sardo nur aus Schafmilch hergestellt (Sardinien)

pecorino senese ein eher milder Käse aus Schafmilch (Toskana)

pecorino siciliano würziger Käse (Sizilien)

pecorino stagionato gereifter Pecorino

pecorino tartufato Pecorino mit Trüffeln

pecorino vecchio reifer Pecorino

pelati geschälte Tomaten

pellegrina,e Jakobsmuschel(n)

penne kurze, schräg abgeschnittene hohle Nudeln mit oder ohne Rillen

penne lisce glatte, schräg abgeschnittene kurze Röhrennudeln

pentola Kochtopf, Pfanne

pepato gepfeffert

Als »aperitivo« ein Gläschen kühlen Weißwein?

pepe Pfeffer

pepe macinato di fresco frisch gemahlener Pfeffer

peperonata Paprikagemüse, meist mit Tomaten, Zwiebeln und Knoblauch (ursprünglich Sizilien)

peperoncino,i Chilischote(n), Pfefferoni, Gewürzpaprika

peperone,i Paprikaschote(n), Peperoni

pera,e Birne(n)

perca,che Flussbarsch(e) (Süßwasser)

perchia,e Ziegenbarsch(e) (Salzwasser)

perchia,e striata Sägebarsch(e) (Salzwasser)

perciatelli dicke Spaghetti (Süditalien)

pernice,i Rebhuhn(hühner)

pesca,-che Pfirsich(e)

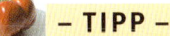

– TIPP –
Einstimmung aufs Essen: »Gradisce un aperitivo?« Wer das Angebot eines Aperitifs nicht verneinen will, hat in Italien meist die Möglichkeit, ein Gläschen Prosecco, ein Gläschen kühlen Weißwein, einen Martini (»bianco e secco«) oder einen Aperitif des Hauses »aperitivo della casa« zu bestellen. Campari und Co. trinkt man eher in der Bar, bevor man zum Essen geht. Nach dem Essen sind als »digestivo« ein Ramazotti, ein Averna oder auch eine Grappa zu empfehlen.

pesca noce Nektarine

pescatora, alla Nudeln oder Reis mit Meeresfrüchten

pescatrice Seeteufel (Salzwasser)

pesce Fisch

pesce affumicato geräucherter Fisch

pesce azzurro »blauer Fisch«, Sammelbegriff für kleine Fische wie Sardinen und Sardellen

pesce cappone Knurrhahn (Salzwasser)

pesce di fiume Flussfisch

pesce di mare Salzwasserfisch

pesce di acqua dolce Süsswasserfisch

pesce in bianco gekochter Fisch

pesce gatto Zwergwels (Süsswasser)

pesce luna Mondfisch (Salzwasser)

pesce pavone Schwertfisch (Salzwasser)

pesce persico Flussbarsch (Süsswasser)

pesce San Pietro Petersfisch (Salzwasser)

pesce sciabola Strumpfbandfisch (Salzwasser)

pesce serra Blaubarsch, Blaufisch (Salzwasser)

pesce spada Schwertfisch (Salzwasser)

pescecane Hai (Salzwasser)

pesche alla piemontese mit Makronenmasse überbackene Pfirsiche (Piemont)

peso Gewicht

pesto alla genovese Paste aus Basilikum, Pinienkernen, Pecorino und Parmesan, Knoblauch und Olivenöl (Ligurien)

pettina maggiore einer der vielen Namen für Jakobsmuscheln (Salzwasser)

petto Brust

peverada Pfeffersauce aus Semmelbröseln, Butter, Rindermark, Brühe, Käse, viel Pfeffer und fein gehackter Wurst, manchmal auch Leber – als Beilage zu Fleisch und Geflügel (Venetien)

pezzo,i Stück(e)

piacintinu Reibkäse aus der Gegend von Messina (Sizilien)

piadina gebackener Fladen aus Mehl und Schmalz, statt Brot (Romagna)

pianuzza anderer Name für Scholle (Salzwasser)

piatto,i Teller, Tellergericht

piatto caldo warmes Gericht

piatto del giorno Tagesgericht

piatto tipico Gericht aus der Region

piccante würzig, pikant

piccata Kalbsschnitzel mit Marsala und Zitrone (Lombardei)

piccione,i Taube(n)

pici (pinci) dicke hausgemachte Spaghetti (südliche Toskana)

piedini di porco gesalzene und getrocknete Schweinefüße

pieno voll

pietanza Gericht

pimento Pfefferschote, Pfefferoni, Gewürzpaprika

pinolo,i Pinienkern(e)

pinzimonio Gemüserohkost

pinzimonio, al zum Rohessen

pipe kurze pfeifenförmige Nudeln

pirofila feuerfest

pisello,i Erbse(n)

pistacchio,i Pistazie(n)

pitò Truthahn im Dialekt des Piemont

pizza dünner Teigfladen mit Belag

pizza ai funghi mit Pilzen

pizza al tonno mit Tunfisch

pizza calabrese mit Tunfisch und Sardellen

pizza capricciosa mit Tomaten, Sardellen, Schinken, Oliven und Artischockenherzen

pizza marinara mit Tomaten, Knoblauch und Meeresfrüchten

pizza margherita mit Mozzarella und Basilikum

pizza quattro stagioni mit Tomatensauce, je ein Viertel mit Pilzen, Schinken, Oliven und Artischocken belegt

pizzaiola, alla »auf Art des Pizzabäckers«: Sauce aus Tomaten, Knoblauch, Rotwein und Kräutern

pizzaiolo Pizzabäcker

pizzicheria Lebensmittelgeschäft, meist mit regionalen Spezialitäten

pizzico Prise

pizzoccheri hausgemachte Buchweizennudeln, meist mit Wirsing, Kartoffeln, Parmesan und Butter serviert (Lombardei)

poco wenig

polenta Maisgrieß, mehr oder weniger dicker Maisbrei

polenta pasticciata Auflauf aus Polentaschnitten und Hackragù

pollame Geflügel

pollastra Poularde, Masthuhn

pollo Huhn, Hähnchen, Hendl, Poulet

pollo alla creta im Tonmantel gebackenes Huhn

pollo al mattone toskanische Bezeichnung für pollo alla creta

polletto,i (Mast) Hähnchen

polipetto,i kleine Krake(n)

polmone Lunge

polpa Fruchtfleisch, -mark

polpetta,e Klößchen, Frikadelle(n)

polpettone Hackbraten

polpo,i Krake(n)

polpo di scoglio kleine Krake

pommarola Tomatensauce zu Nudeln (Kampanien)

pomodoro,i Tomate(n)

pomodori pelati geschälte Tomaten

pomodori secchi getrocknete Tomaten

pompelmo Grapefruit, Pampelmuse

porceddu sardischer Name für Spanferkel

porcellino Ferkel, Spanferkel

porchetta Spanferkel

porcino,i Steinpilz(e)

»Pizza alla romana«

porro,i Lauch

posate Besteck

pranzo Mittagessen

prataiolo,i Champignon(s)

prezzemolo Petersilie

prezzo Preis

prezzo fisso fester Preis

prima colazione Frühstück

primavera Frühling (»alla primavera« meint immer ein Gericht mit Frühlingsgemüse oder -kräutern)

primizie Frühobst, Frühgemüse

primo piatto »erster Gang«, (nach den Antipasti und vor dem »secondo«)

primo sale gerade ausgereifter

Käse aus Schaf- oder Kuhmilch (Sardinien, Sizilien)

profiterol kleiner Windbeutel, meist süß gefüllt

pronto bereit, fertig

prosciutto Schinken

prosciutto di Parma Parmaschinken, mindestens ein Jahr lang luftgetrockneter Schweineschinken

prosciutto di San Daniele ebenfalls luftgetrockneter, etwas milderer Schweineschinken

prosciutto cotto Kochschinken

prosciutto crudo Rohschinken

provola Büffel- oder Kuhmilchkäse, der kürzer reift als Provolone, manchmal heißt auch gereifte Mozzarella so

provolone gebrühter Knetkäse aus Kuhmilch, den es mild (»dolce«) und würzig (»piccante«) gibt

prugna,e Pflaume(n)

prugnola,e Schlehe(n)

prugnolo,i Maipilz oder Georgspilz (selten im Angebot)

puntarelle bittere Endivienart mit langen, dünnen Blättern

puttanesca, alla Pasta »nach Art der Hure«: scharfe Tomatensauce mit Oliven, Kapern und Sardellen (Kampanien)

quaglia,e Wachtel(n)

quanto wie viel

quarto, un ein Viertel

rabarbaro Rhabarber

radicchio Radicchio, Cicorino

radicchio di Treviso oder »trevisano« der längliche würzigere

rafano Rettich

raffreddato abgekühlt

ragù Hackfleischragout zu Nudelgerichten

ragusano harter Kuhmilchkäse, ähnlich wie Caciocavallo, gibt es auch mit Pfefferkörnern (»pepato«) (Sizilien)

ramazzotti Kräuterlikör, Digestif

ramerino toskanische Bezeichnung für Rosmarin

ramolaccio Rettich

rana,e Frosch, Frösche

rana pescatrice Seeteufel (Salzwasser)

rancido ranzig

rapa,e Rübe(n)

ravanello,i Radieschen, Radies

ravieu Ravioli im piemontesischen Dialekt

ravioli meist viereckige, manchmal halbrunde gefüllte Teigtaschen

razza Rochen (Salzwasser)

ribes Johannisbeeren, Ribisel

ribollita aufgewärmte (»wieder gekochte«) Suppe mit Brot, Gemüse und weißen Bohnen (Toskana)

ricciarelli lockere, saftige Mandelplätzchen (Siena, Toskana)

riccio di mare Seeigel

ricetta,e Rezept(e)

ricevuta Quittung

ricotta Frischkäse aus Kuh- oder Schafmilchmolke

ricotta salata gesalzene Ricotta, meist auch gereift, kann gerieben werden und wird nur für salzige Gerichte verwendet

ricotta secca gereift und hart zum Reiben

– TIPP –

Hauptgericht auf Italienisch: Wer in Italien ein »secondo« – einen Hauptgang – bestellt, bekommt einfach ein Stück Fleisch oder Fisch auf den Teller. Gemüse, Salat oder Kartoffeln sind nie automatisch dabei, sondern müssen extra bestellt werden. Fragen Sie also nach den »contorni«, Beilagen, wenn auf der Karte keine zu finden sind.

»Risotto alla milanese«

ricotta stagionata gereifter Käse

riempito gefüllt

rigaglie Geflügelklein

rigatoni kurze, dicke Röhrennudeln, gerade abgeschnitten, mit Rillen

ripieno gefüllt

riscaldato aufgewärmt

risi e bisi Risotto mit Erbsen (Venetien)

risini reiskornförmige Nudeln

riso Reis

riso comune normale Qualität (für Suppen etc.)

riso fino Mittelkornreis, Standardreis

riso grezzo ungeschälter Reis

riso integrale gebräuchlichere Bezeichnung für ungeschälten Reis

riso semitino Rundkornreis

riso superfino Reis von bester Qualität

risotto geschmorter Reis mit Butter, Brühe und Käse, mit verschiedensten anderen Zutaten

risotto alla milanese klassischer Risotto mit Rindermark, Parmesan und Safran (Lombardei)

ristretto konzentriert

robiola kleiner runder Frischkäse aus Kuhmilch (Piemont und Lombardei)

rognonata Lendenstück

rognone,i Niere(n)

rombo (»chiodato«) Steinbutt (Salzwasser)

rombo liscio Glattbutt (Salzwasser)

R

rosmarino Rosmarin

rospo Seeteufel (Salzwasser)

rosso rot, Rotwein

rosticceria Rostbraterei, Imbiss-stube

rottami di pollo Hühner-stücke, in der Pfanne gebraten

ruchetta, rucola Rucola

rovello Graubarsch, Seekarpfen (Salzwasser)

ruote Teigrädchen

salame Wurst, Salami vom (Wild-)Schwein, Rind, Pferd, Esel oder Wild, viele regionale Varianten

salamoia, in gepökelt

salato gesalzen

sale Salz

sale comune Kochsalz

sale da tavola Tafelsalz

sale marino Meersalz

sale, sotto in Salz konserviert

salmerino,i Saibling(e) (Süßwasserfisch)

salmì Ragout, hauptsächlich aus Wild

salmone Lachs, Salm

salsa Sauce

salsa di noci Sauce aus Wal-nüssen (Schäl-, Baumnüssen), Brot, Knoblauch und Olivenöl, meist zu Pasta (Ligurien)

salsa verde »grüne Sauce« aus Petersilie, Basilikum, Kapern,

Sardellen, Öl und Zitrone, zu gekochtem Fleisch

salsiccia,e Wurst

salsiccia,e di cinghiale Wildschweinwurst

salsiccia fresca,che frische roh geräucherte Würste, zum Braten und Grillen

– TIPP –
Wo Sie essen und trinken können: Konnte man früher Italien schon an der Bezeichnun des Lokals erkennen, um welche Klasse und Preisstufe es sich ha delt, tut man sich heutzutage schon etwas schwerer. Ristorant Osteria und Trattoria sind nahez auf gleichem Niveau, ein Ristora te ist meist allerdings noch ein wenig feiner und eleganter, Trat-toria und Osteria moderner. Wer in Italien einfach essen will, suc eine Pizzeria, in der man immer auch einen Teller Nudeln und ei paar »secondi« bekommt oder – noch einfacher – eine Rosticceri Dort gibt es Gegrilltes, und zwar nur Fleisch.

saltimbocca alla romana dünne Kalbsschnitzel mit Schin-ken und Salbei (Latium)

salume,i Wurstwaren

salumeria Wurstgeschäft, auch Delikatessengeschäft

salvia Salbei

sambuca aromatischer Likör aus Anis

sambuco Holunderbeere

sandra Zander (Süßwasser-fisch)

sangue Blut

sangue, al blutig

sangue, molto al noch sehr blutig

sanguigna,e Blutorange(n)

sanguinaccio Blutwurst, oft auch süß als Dessert

santoreggia Bohnenkraut

saor, in in Essigsud eingelegter Fisch (Venetien)

sapore Geschmack

saporito schmackhaft, aromatisch

»Scaloppine di maiale al marsala«

saraceno Buchweizen

sarda,e; sardina,e Sardine(n)

sarde a beccaficu gefüllte Sardinen, in Essig eingelegt (Sizilien)

saucisse Wurst im Dialekt des Aostatals

savoiardo,i Löffelbiskuit(s)

sbattuto geschlagen, verquirlt

sbriciolato gekrümelt

sbucciato geschält

scalogno,i Schalotte(n)

scaloppina,e dünne(s) Kalbs-schnitzel

scamorza wird ähnlich herge-stellt wie Mozzarella, aber meist gereift und auch geräuchert (Abruzzen)

scampo,i Kaisergranat(e) (Salzwasser)

scardone Brachse, Brasse (Süßwasser)

scarl(i)ola Endivienart

scatola Büchse, Dose

schiacciata Brotteigfladen, meist süß, manchmal auch salzig belegt

sciarrano,i Zackenbarsch(e) (Salzwasser)

sciroppo Sirup

scorfano (Roter) Drachenkopf (Salzwasser)

scorfano di Norvegia Rot-barsch (Salzwasser)

scorzonera,e Schwarzwurzel(n)

scottiglia gemischter Fleischtopf (Toskana)

sebaste großer Rotbarsch (Salzwasser)

secco trocken

secondo »zweiter Gang«, Hauptgericht

sedano Stangensellerie

segale Roggen

selvaggina Wildbret

selvatico wild

seme,i Same(n), Kern(e)

semicotto halbgar

semifreddo Halbgefrorenes (meist eine Art Torte)

semolino Grieß

senape Senf

senza ohne

seppia,e Sepia, Tintenfischart (Salzwasser)

sesamo Sesam

sete Durst

sfilatino längliches Brötchen, Weckerl

sfoglia, sfogliata Blätterteig

sformato Auflauf

sgombro,i Makrele(n) (Salzwasser)

sgranato enthülst

sidro Apfelwein

siero Molke

siluro,i Waller, Wels (Süßwasser)

siracusana, alla Nudeln nach Art von Siracusa: mit Gemüse, Kapern, Sardellen und Oliven

sodo hart (Ei)

soffione Löwenzahn

soffritto Gemüsemischung in Schmorgerichten, angebraten

sogliola,e Seezunge(n) (Salzwasser)

sogliola limanda Echte Rotzunge

soia Soja

soppressata Presswurst aus verschiedenen Schweinefleischteile

soppressata in cuffia Presswurst im entbeinten Schweinekop

sorbetto Sorbet

sottaceti Mixed Pickles

– TIPP –
Nie Käse zum Fisch:
Cremige Sahnesaucen mit Lachs und Tagliatelle, darüber ordentlic Parmesan gestreut – nur in Deutsc land möglich. Italiener essen Fisc und Meeresfrüchte, ob mit Pasta oder auf der Pizza, grundsätzlich ohne Käse und das sowieso liebe im Tomatensud oder »al bianco« z.B. im Weißweinsud – als in der sahnigen Sauce.

sottile dünn

spaghettini sehr dünne Spaghetti

spaghetti dünne, lange und runde Nudeln

spaghetti a cacio e pepe mit Käse und Pfeffer

spaghetti aglio e olio mit Knoblauch und Öl, oft auch mit Peperoncino

Forellen nach Arezzoer Art – in Weißweinsud.

spaghetti alla carbonara mit Ei, Schinken und Milch oder Sahne

spaghetti all'amatriciana mit Speck, Tomaten und Peperoncino

spaghetti alla marinara mit Knoblauch, Kapern, Oliven, Petersilie und Öl

– TIPP –
Das geliebte »telefonino« (Handy): Zwar wird überall in Italien auf den Straßen und Plätzen, in den Bars und vor dem Restaurant mit dem Handy telefoniert, und wer sich in einem Geschäftsviertel befindet, kann dem auch im besten Lokal nicht entgehen. Im Restaurant zu telefonieren gilt dennoch auch bei den meisten Italienern als Affront; lassen Sie es also besser ausgeschaltet.

spaghetti alla siracusana mit Knoblauch, Perperoncini, Sardellen, Oliven und Öl, oft mit gerösteten Semmelbröseln (Sizilien)

spalla Schulter

spalmato bestrichen

sperlano Stint (Süß- und Salzwasser)

spezie Gewürze

spezzatino (Fleisch-)Ragout

spezzato in Stücke geschnitten, Ragout

spicchio Scheibe

spiedini Spießchen

spiedini di carne oder **di carni misti** Fleischspießchen

spiedo Grillspieß

spigola,e Wolfsbarsch(e), Meerbarsch(e) (Salzwasser)

spina, birra alla frisch gezapftes Bier

spina di pesce Fischgräte

spinaci Spinat

spinarolo Hai (Salzwasser)

spremuta frisch gepresster Saft

spugnola,e Morchel(n)

spuma Schaum

spuntino Imbiss

squalo Hai (Salzwasser)

stagionato gereift

starna,e Rebhuhn(hühner)

stinco Haxe

stoccafisso Stockfisch (getrockneter Fisch, meistens Kabeljau, im Gegensatz zum »baccalà« meist auch nicht gesalzen)

storione Stör (Süß- und Salzwasser)

stracchino milder und zarter Frischkäse aus Kuhvollmilch (Lombardei)

stracciatella Brühe mit Eierflocken und Parmesan (Latium), aber auch Eissorte

stracotto Rinderbraten

strangolapreti Spinatgnocchi (Trentino)

stravecchio sehr alt, z.B. Käse

strozzapreti kurze, gegeneinander gedrehte Nudelart (Emilia-Romagna)

strutto Schmalz

stufato Schmorbraten

stuzzicadenti Zahnstocher

succo Saft

succoso saftig

sugarello oder **sugherello** oder **suro** Stöcker, Bastardmakrele (Salzwasser)

sugo Sauce zu Nudelgerichten

supplì gefüllte frittierte Reisbällchen (Latium)

surgelato tiefgefroren

susina,e selvatica,che Schlehe(n)

tacchino Truthahn

taccola,e Zuckerschote(n), Erbsenschoten, Kefen

tagliatelle Bandnudeln

tagliata Roastbeef, Lende

tagliato geschnitten

taglierini, tagliolini sehr dünne Bandnudeln

taleggio würziger, rechteckiger Weichkäse aus Kuhmilch (Lombardei)

tarallo Kranz (Apulien)

tarocco Orangensorte

tartaruga Schildkröte

tartufo Trüffel

– TIPP –
»Sale e tabacchi«:
Brot und Salz? Rein äußerlich haben sie nichts gemeinsam. Aber früher unterlagen beide dem staatlichen Monopol und durften nur in autorisierten Läden verkauft werden. Salz gibt es zwar dort nicht mehr, aber Tabakwaren können Sie in Italien nach wie vor nur dort kaufen, wo das Schild »sale e tabacchi« es anzeigt.

tavola calda warme Küche

tavolo Tisch

tazza Tasse

tè Tee

tegamaccio Fischsuppe aus Süßwasserfischen (Umbrien), aber auch Bezeichnung für Eintopf

temolo,i Äsche(n) (Süßwasser)

tenero weich

terrina Terrine

»Tortellini alla panna«

testa Kopf

testa di moro oder moro Orangensorte (zum Saftmachen)

tiepido lauwarm

tiglio Lindenblüte, meist als Tee

timballo Gemüseauflauf

timo Thymian

tinca,-che Schleie(n) (Süßwasser)

tiramisù Dessert aus Biskuit,

Mascarponecreme und Espresso (Venetien)

tisana Kräutertee

toma Hartkäse aus nichtfermentierter Kuhmilch (Piemont)

tomino leicht säuerlicher Käse aus Kuhmilch, den es frisch (»fresco«) und weißschimmelgereift (»stagionato«) gibt, oft in Öl eingelegt (Piemont)

tonno Tunfisch (Salzwasser)

torrefazione Kaffeerösterei

torrone Mandel-Feigen-Konfekt (Abruzzen)

torta Torte, Kuchen

torta pasqualina pikante Torte mit Ricotta, Spinat, Kräutern und Eiern (Ostertorte aus Ligurien)

tortelli viereckige Nudeltaschen, unterschiedlich gefüllt

tortellini kleine gefüllte Teigringe

tortelloni große gefüllte Teigtaschen

tortiglioni lange gerillte Röhrennudeln

tortino Törtchen

toscanello toskanischer Pecorino

tostato geröstet

tracina Petermännchen, Drachenfisch (Salzwasser)

tramezzino ungetoastetes Sandwichbrot mit unterschiedlichen Füllungen, zum Dreieck halbiert

trancia,-ce Scheibe(n)

trattoria Gasthof, Restaurant

treccia Zopf (aus Brotteig, aber auch geflochtener Käse)

trenette flache Spaghetti

trifola wenig gebräuchlicher Name für Trüffel

trifolato mit Öl und Petersilie zubereitet, getrüffelt

triglia,e Rotbarbe(n) (Salzwasser)

triglia di scoglio Streifenbarbe (Salzwasser)

triotto Rotauge (Salzwasser)

trippa Kutteln, Pansen

tritato zerkleinert

trofie hausgemachte Spiralnudeln (Ligurien, eigentlich nur Genua)

trota,e Forelle(n) (Süßwasser)

trota,e salmonata,e Lachsforelle(n) (Süß- und Salzwasser)

tuorlo,i Eigelb(e), Eidotter

uccellame Federwild

uccellini scappati Fleischspießchen, auch Innereien, mit Speck und Salbei gegrillt

uccello,i Vogel

umido, in feucht, in Sauce geschmort

uovo,a Ei(er)

uovo alla coque weich gekochtes Ei

uovo al tegamino oder **all'occhio di bue** Spiegelei

uovo frullato Rührei

uovo in camicia, affogato pochiertes Ei

uovo sbattuto geschlagenes Ei

uovo strapazzato Rührei

uva,e Traube(n)

uva bianca weiße Traube

uva nera blaue Traube

uva passa Rosine

uvetta sultanina Rosine

valerianella Feldsalat, Vogelsalat, Nüsslisalat

vaniglia Vanille

vapore, a gedämpft

vecchio alt, reif

verde grün

verdura Gemüse

vermicelli sehr dünne Fadennudeln

– TIPP –

Welcher Tag ist denn heute? Auch wenn man im Urlaub endlich mal nicht nach dem Terminkalender leben muss, möchte man doch manchmal wissen, welcher Tag gerade ist, zum Beispiel, wenn man ein paar Tage später einen Tisch bestellen möchte. Auf italienisch heißen die Wochentage so:

Montag	lunedì
Dienstag	martedì
Mittwoch	mercoledì
Donnerstag	giovedì
Freitag	venerdì
Samstag	sabato
Sonntag	domenica

Und wer für morgen bestellt, sagt »domani«, und übermorgen heiss »dopodomani«.

verza Wirsing, Kohl, Wirz

vescica Schweineblase (-netz)

vignarola, alla auf Winzerart (immer mit Wein, meist auch mit Trauben)

vincisgrassi üppige Lasagne mit Hirn oder Bries und vielem anderen (Marken)

»Zuppa inglese«

vino Wein

vin santo Dessertwein

visciola,e Sauerkirsch(n)

vitellino Milchkalb

vitello Kalbfleisch

vitello tonnato gekochtes Kalbfleisch in dünnen Scheiben mit Tunfischsauce und Kapern (Vorspeise)

vitello di latte Milchkalb

vitellone Jungochse

vongola,e Venusmuscheln(n)

vongola,e verace,i besonders aromatische wilde Venusmuschelart

zabaione lauwarmes Schaumdessert aus Marsala, Zucker und Eigelb

zafferano Safran

zampetti Füße, Pfoten

zampone gefüllter Schweinefuß, gekocht, mit Linsen serviert (traditionelles Silvesteressen)

zenzero Ingwer

zimino, in in Gemüsesugo geschmort (in Ligurien: »a zemin«)

zoccolo sizilianischer Dialektausdruck für Krustentiere

zucca Kürbis

zucca, semi di Kürbiskerne

zucchero Zucker

zucchero a velo Puderzucker

zucchero in zollette, a quadretti Würfelzucker

zucchero semolato feiner Streuzucker

zucchero vanigliato Vanillezucker

zuccotto halbgefrorenes Biskuitdessert (Toskana)

zuppa Suppe

zuppa inglese Löffelbiskuits mit heller und dunkler Creme geschichtet (Emilia-Romagna)

zuppa inglese alla napoletana überbackenes Biskuitdessert mit Vanillecreme (Kampanien)

Map

Weinanbaugebiete ⭐

Schweiz · Österreich · Ungarn

Südtirol/Trentino · Friaul/Julisch-Venetien · Slowenien · Kroatien

Aostatal · **Trentino** · Bosnien-Herzegowina

Piemont · **Valpolicella** · Venetien · Friuli

Lombardei

Barbera · **Barbaresco**

Barolo · Ligurien

Emilia-Romagna

Toskana · **Chianti** · Marken

San Gimignano · **Montepulciano** · Adriatisches Meer

Morellino · Umbrien

Ligurisches Meer

Korsika

Latium · Abruzzen

Rom · **Frascati** · Molise

Kampanien · **Taurasi** · Apulien

Basilicata

Sardinien

Tyrrhenisches Meer · **Cirò** · Kalabrien

Sizilien · Mittelmeer

N

0 — 200 km

© MERIAN-Kartographie

Im Reich des Bacchus:
In der Enoteca Italica Permanente
bleibt keine Kehle trocken.

Die Weinregionen

Italien ist nicht nur der größte Weinproduzent der Welt, nach Griechenland ist es auch das Land mit der ältesten Weinbaugeschichte; nicht umsonst hieß Italien in der Antike »Enotria«, das Weinland.

Apulien und Sizilien, wo der Weinbau auch seinen Anfang nahm, liegen bei der Produktionsmenge an der Spitze, gefolgt von Venetien und der Emilia-Romagna. Im Mittelfeld: Abruzzen, Latium, Toskana, Marken und Piemont. Geringe Mengen kommen aus Ligurien, aus der Lombardei und dem Aostatal, aus Südtirol, Umbrien, der Basilikata und aus Sardinien.

Doch schon seit vielen Jahren geht der Trend im Weinbau weg von der Quantität und hin zur Qualität, initiiert Mitte der sechziger Jahre, als die kontrollierte Herkunftsbezeichnung (DOC) eingeführt wurde. Der erste Wein, der diese Bezeichnung trug, war der Vernaccia di San Gimignano aus der Toskana. Und fragt man nun nach den besten Tropfen, die das Land produziert, sieht die Rangordnung gleich ganz anders aus. Die Toskana mit Chianti, Brunello, Vino Nobile di Montepulciano und anderen und das Piemont mit Barolo, Barbaresco und Barbera stehen unangefochten an der Spitze der Liste. Auch der Weinbau im Friaul, einem eher kleinen Anbaugebiet, hat in den letzten Jahren einen fast revolutionären Aufstieg genommen. Aus dieser Region kommen mit die besten Weißweine Italiens: fruchtig und fein.

Mehr als die Hälfte der DOC-Weine kommen aus den nördlichen Regionen, ein Drittel aus Mittelitalien – vor allem aus der Toskana, und nur der Rest aus dem Süden. Allerdings findet man in den letzten Jahren überall in Italien Winzer, die sehr gute Weine keltern, die alte Reben wieder entdecken und anbauen und mit neuen experimentieren. (Eine gute Orientierungshilfe bieten Weinführer wie der Gambero rosso oder der Veronelli.)

A

abbinamento passender Wein

abboccato halbtrocken, vollmundig

acerbo herb

acidità Säure

affinamento (in bottiglia) Reifezeit (in der Flasche)

Aglianico rote Traube, aus der in Kampanien und in der Basilikata die meisten Rotweine gekeltert werden. Der bekannteste unter diesen Weinen ist der Taurasi

allungato verdünnt

amarire herb, bitter

Amarone ein kräftiger, meist etwas süßlicher Rotwein aus angetrockneten Trauben (Venetien)

annata Jahrgang

apribottiglie Flaschenöffner

Arneis köstlicher Weißwein aus dem Anbaugebiet Roero, Piemont

asciutto trocken, herb, sehr trocken

assaggio di vino Weinprobe

Asti spumante süßer Schaumwein aus dem Piemont

azienda agricola (Wein-)Gut

B

Barbaresco kleines Anbaugebiet rund um Alba, aus dem fruchtige Weine gleichen Namens aus der Nebbiolo-Traube kommen, die etwas leichter sind als der Barolo

Barbera fruchtiger Rotwein aus den Provinzen Asti und Alba (Piemont). Besonders gut gedeiht die Barolo-Traube um Monferrato (Barbera di Monferrato)

Bardolino fruchtiger vollmundiger Rotwein aus verschiedenen Trauben vom Gardasee (Venetien)

Barolo aus dem kleinen Anbaugebiet südwestlich von Alba kommen kräftige Weine aus Nebbiolo-Trauben, die mindestens drei Jahre reifen müssen, bevor sie in den Handel kommen

bianco weiß

Bianco di Custoza einfacher, aber guter Wein aus einem Anbaugebiet südlich vom Gardasee, vor allem aus den Sorten Garganega und Trebbiano

Bianco di Pitigliano leichter süffiger Weißwein aus Trebbiano Malvasia und Greco (Toskana/Maremma)

Bolgheri von dort stammt der erste und bekannteste der Super Tuscans: Sassicaia. Gekeltert aus in der Toskana bis dahin unüblichen Trauben: Cabernet Sauvignon und Cabernet Franc

Bolgheri rosso begehrte Rotweine aus der Gemeinde Carducci südlich von Pisa. Gekeltert aus Cabernet Sauvignon, Merlot und /oder Sangiovese

bontà Qualität, Güte

botte,i Fass

botte di legno Holzfass

botte di quercia Eichenholzfass

botte di rovere Eichenholzfass

Brachetto rote Traube, die nur noch selten im Piemont verwendet wird. Aus ihr entstehen vor allem süße Dessertweine

brenta Fass für 50 l Wein

brillante klar, glashell

brocca Krug, Kanne

Brunello Spielart der Sangiove-se-Traube

Brunello di Montalcino
DOCG-Wein (er war der erste italienische Wein, der diese Auszeichnung bekam) aus der Toskana. Wird zu 100 Prozent aus Sangiovese grosso, auch einfach Brunello genannt, gekeltert, muss vier Jahre lagern

Cabernet Sauvignon hochwertige dunkle Traube mit geringem Ertrag und hohem Tanningehalt, die in vielen Teilen der Welt angebaut wird und ursprünglich aus dem Médoc in Frankreich stammt

caldo warm

Canaiolo traditionell die zweite Sorte im Chianti, in Umbrien für den Torgiano gebraucht

cantina Weinkeller, Kellerei, auch Ausschank

cantina sociale Winzergenossenschaft

cantiniere Kellermeister

caratello kleines Fass mit 50 – 100 l Inhalt, vor allem für Vin santo gebraucht

carato Vom Restaurant- und Weintester Veronelli geprägter Begriff für »barriques«

Carmignano kleines Anbaugebiet in der Nähe von Florenz (nördlich). Der Rotwein wird aus Sangiovese, Canaiolo und Cabernet Sauvignon gewonnen

Castel del Monte bekanntester Rotwein Apuliens

castello Schloss

cavatappi, cavaturaccioli Korkenzieher

Chardonnay weiße Traube aus dem Burgund, die in Italien in Südtirol und im Trentino, in der Franciacorte und im Friaul gute Weißweine hervorbringt. Aber auch in der Toskana sorgt ihre Beigabe für kräftige Weißweine

Chianti ohne nähere Bezeichnung handelt es sich hierbei um einen einfachen Wein aus einem der Chiantigebiete (oder auch aus mehreren gemischt)

Chianti classico Wein aus einer genau bezeichneten Gegend zwischen Florenz und Siena, trägt den schwarzen Hahn am Flaschenhals

Chianti classico riserva die Riserva wird nur von guten Jahrgängen gemacht, darf erst nach drei Jahren Lagerzeit in den Handel und muss einen Alkoholgehalt von mindestens 12,5 Prozent haben. Trägt den schwarzen Hahn im goldenen Kreis

Die Enoteca in Friaul birgt Schätze an alten und edlen Weinen.

Chianti Colli Aretini – aus der Gegend um Arezzo

Chianti Colline Pisane – aus der Gegend um Pisa

Chianti Colli Senesi – aus der Gegend südlich von Siena

Chianti Montalbano – rund um Carmignano

Chianti Colli Fiorentini – aus der Gegend rund um Florenz

Chianti Rufina aus der Gegend um Pontassieve, das kleinste Anbaugebiet von Chianti, tanninstärker als andere Chianti

chiaro klar

Colli Albani leichter trockener Weißwein aus dem Latium von unterschiedlicher Qualität

colore Farbe

commerciante Händler

complesso komplex

consorzio Genossenschaft, Produktionsverband

cooperativa Genossenschaft

corpo Körper

corposo körperreich

Cortese weiße Traube, aus der im Piemont der Gavi zu 100 Prozent gewonnen wird

Corvina rote Traube, Basis für Valpolicella und Amarone

Corvo bekanntester Weiß- und Rotwein Siziliens, beide kräftige fruchtige Weine

cru Lage, aus dem Französischen übernommene neuere Bezeichnung, **grand cru** meint eine Spitzenlage

D

debole schwach

decantare dekantieren

degustazione Weinprobe

demi-sec halbtrocken

denominazione Bezeichnung

denso kräftig

difetto Mangel

DOC denominazione di origine controllata (garantierte Herkunftsbezeichnung)

DOCG denominazione die origine controllata e garantita kontrollierte und garantierte Herkunftsbezeichnung

– TIPP –
Qualität beim Wein:
DOC ist die Abkürzung für »Denominazione di Origine Contrallata« und garantiert eine kontrollierte Herkunftsbezeichnung. DOCG »Denominazione di Origine Controllata e Garantita« geht noch weiter: Weine mit diesem Zeichen werden überwacht, also gelegentlich verkostet. IGT »Indicazione Geografica Tipica« ist ein Wein mit genauer Herkunfts- und Jahrgangsangabe. VDT »Vino da Tavola« ist inzwischen ein einfacher Landwein, der weder Jahrgang noch Herkunft tragen darf.

dolce süß

Dolcetto rote Traube, aus der im Piemont der trockene, violettrote Wein mit dem Namen Colcetto d'Alba vinifiziert wird

E

elevazione Gärung

elevato ausgebaut

elevato in barrique in kleinen Holzfässern (»barriques«) ausgebaut

enologo Weinmacher, Önologe

enoteca Weinhandlung

Est!Est!Est! rustikaler Weißwein aus dem Latium, aus Trebbiano gekeltert

età Alter

Etna rosso kräftiger, fruchtiger Rotwein aus dem vulkanischen Weinbaugebiet am Ätna (Sizilien)

fattoria (Wein-)Gut

Fiano di Avellino guter, charaktervoller Weißwein aus einem Anbaugebiet rund um Avellino (Kampanien)

fiasco strohumflochtene Flasche

fine fein

forte stark

fragile empfindlich

fragrante duftend

Franciacorta bianco ausgezeichneter Wein aus Chardonnay (manchmal auch Pinot nero), den es als Stillwein ebenso gibt wie als Spumante von sehr guter Qualität (Lombardei)

Franciacorta rosso wird aus einer Mischung aus Cabernet, Barbera, Nebbiolo und Merlot gemacht (Lombardei)

Frascati Massenwein aus dem Latium, bessere Weine tragen die Bezeichnung Frascati superiore

freddo kalt

– TIPP –
Enoteca oder Weingut:
Zwar macht es Spaß, ein Weingut zu besuchen (rufen Sie vorher an und kündigen Ihren Besuch an, wenn Sie wirklich etwas sehen wollen!), allerdings können Sie dort nur den Wein dieses speziellen Weinguts kaufen. In der Enoteca finden Sie in der Regel alle Weine der Gegend – und das keinesfalls zu einem höheren Preis als direkt beim Weingut.

fresco frisch

frizzante leicht moussierend

fruttato fruchtig

Gaglioppo beste rote Trauben Kalabriens. Aus ihr werden kräftige würzige Weine vinifiziert – am bekanntesten ist der Cirò

Galestro frischer, einfacher Weißwein aus der Toskana mit niedrigem Alkoholgehalt

Gavi aus der Cortese-Rebe gekelterter fruchtiger, aromatischer Weißwein aus dem Piemont. Wenn er direkt aus Gavi stammt, heißt er Gavi di Gavi

giovane jung

gradazione Alkoholgehalt

gradevole lieblich

grappolo d'uva Weintrauben

Grechetto weiße Traube aus Umbrien, im Orvieto und in den Weißweinen von Torgiano enthalten

Greco di Tufo weiße Traube aus Süditalien, aus der kräftige, aber feine Weißweine entstehen: der kampanische Greco di Tufo und der kalabrische Cirò bianco

guasto verdorben

gustoso geschmackvoll

IGT – Indicazione Geografica Tipica – ein Wein mit genauer Bezeichnung der Lage. Meist Jahrgangsweine

imbarriccato in Barrique ausgebaut

imbevibile untrinkbar

imbottigliamento Flaschenabfüllung

– TIPP –

Etiketten richtig lesen:
An prominenter Stelle auf der Flasche steht in der Regel der Erzeuger des Weines. Nur, wenn er mit dem zweiten Namen, nach »imbottigliato da ...« identisch ist, können Sie davon ausgehen, dass der Wein im Weingut gemacht und auch abgefüllt wurde. Die Bezeichnung »imbottigliato all'origine« weist darauf ebenfalls hin. Zudem finden Sie auf dem Etikett das Anbaugebiet, die Rebsorte und die Qualitätsstufe (⟶ S. 74).

imbottigliato in die Flaschen gefüllt, Flaschenabfüllung

imbottigliato nella zona di produzione im Erzeugungsgebiet abgefüllt

Isonzo delikater Wein aus dem Friaul, gibt es weiß und rot aus den verschiedensten Rebsorten

Lambrusco in ganz Italien verbreitet und in schlechtem Ruf stehend, weil in Massenbetrieben in der Emilia-Romagna hauptsächlich süße und leicht moussierende Weine gekeltert werden. Der Lambrusco classico ist aber ein trockener und guter Rotwein

leggero leicht

limpido klar

Lugana charaktervoller Weißwein aus einem Anbaugebiet südlich des Gardasees (Lombardei)

Malvasia weiße Rebe mit vielen Spielarten, aus der vor allem einfache Weine gemacht werden und zwar im Friaul, Piemont und in der Toskana ebenso wie im Latium, auf Sardinien und auf Sizilien

Weinetikett Ruffino

Marsala wie Sherry hergestellter Wein aus weißen Trauben, der unangenehm süß sein kann. Gute Qualität verspricht der Zusatz »superiore«. Zwei Jahre Lagerzeit »vergine« oder »soleras«: fünf Jahre oder auch eine Riserva: zehn Jahre

Marzemino rote Traube und gleichnamiger Wein aus einem kleinen Gebiet im Trentino

maturazione Reifeprozess

maturo reif

Merlot ertragreiche Sorte, die weniger Tannin enthält als die

Cabernet Sauvignon und aus der sowohl einfache (vor allem, wenn die Menge nicht begrenzt wird) wie auch hochklassige Weine entstehen. Stammt ursprünglich aus Frankreich, wird aber immer häufiger in Italien angebaut

millesimato Jahrgangswein

Montepulciano rote Traube, aus der in den Marken und in den Abruzzen kräftige, eher derbe Weine gekeltert werden. Die bekanntesten sind Rosso Piceno, Rosso Conero und Montepulciano d'Abruzzo. Der gleichnamige Wein aus der Toskana wird nicht aus dieser Traube gekeltert

morbido sanft

Morellino Spielart der Sangiovese-Traube, die in der Maremma (Südtoskana) Bedeutung hat

Morellino di Scansano wird ausschließlich aus Morellino (Sangiovese) gekeltert. Der aromatische, kräftige Wein ist nach etwa fünf Jahren ausgereift

Moscato d'Asti Weinbaugebiet südlich von Monferrato (Piemont), in dem die süßen Schaumweine Asti und Moscato d'Asti produziert werden

mosto Most

muffa Schimmel

Nebbiolo trockener, fruchtiger Wein aus der gleichnamigen Rebe aus dem Piemont, Aosta-Tal und aus der Lombardei

Nosiola frischer, fruchtiger Weißwein aus der Nosiola-Rebe (Trentino)

novello junger Wein

odore Geruch

Orvieto bekanntester Weißwein Umbriens, meist ein einfacher Wein aus Trebbiano und Grechetto. Der Zusatz von anderen Traubensorten kann bessere Weine entstehen lassen

passato überaltert, hinüber

passito Dessertwein aus getrockneten Trauben

pesante schwer

Picolit Weißweinrebe und gleichnamiger Wein aus dem Friaul

pieno voll

pigiare pressen, keltern

pigiato con il sistema più tradizionale bedeutet: mit den Füßen gestampft und gepresst

pigiatura Kelterung

Pinot Bianco ein einfacher, aber fruchtiger und feinsäuerlicher Weißwein aus der gleichnamigen Traube (= Weißburgunder) aus dem Trentino

Pinot Grigio das wichtigste Anbaugebiet für diesen meist eher einfachen Weißwein liegt im Trentino, er wird aber auch in anderen Gegenden (Nord-)Italiens angebaut und gekeltert

Pinot noir dunkle Traube, die aus dem Burgund stammt, dünnschalig ist und daher wenig Tannin enthält. Hat in Italien nur in Südtirol und in der Toskana Bedeutung, da sie in warmen Klimazonen nicht so gut gedeiht

podere (Wein-)Gut

prodotto produziert

produttore Produzent

Prosecco nicht nur perlendes Getränk, sondern auch eine Weißweinrebe aus Venetien. Aus ihr werden nicht nur Frizzante und Spumante gemacht, sondern auch einfache Weißweine

Prugnolo Gentile Spielart der Sangiovese-Traube rund um den toskanischen Ort Montepulciano

quercia Eiche(-ngeschmack)

raccolta Ernte

rendimento Ertrag

Ribolla Weißweinrebe aus dem Friaul, aus der süffige, rustikale Weine entstehen

Riserva Wein, dessen Lagerzeit gesetzlich vorgeschrieben ist (mindestens drei Jahre im Fass), hohe Qualitätsstufe

robusto körperreich

Roero feiner Rotwein aus Nebbiolo-Trauben (Piemont)

rotondità Harmonie

rotondo harmonisch, abgerundet

rosato Rosé

rosso Rotwein

– TIPP –
Luft für den Roten:
Rotwein braucht Luft zum Atmen. Deshalb die Flaschen immer schon ein paar Stunden vor dem Trinken öffnen. Korken quer über die Flaschenöffnung legen und stehen lassen. Dekantieren sollte man nur sehr alte Weine, so kommt der edle Tropfen mit viel Luft in Berührung und das Depot, das sich am Flaschenboden abgesetzt hat, bleibt in der Flasche und wandert nicht ins Glas.

Rosso Conero verbreiteter Rotwein in den Marken, meist von einfacher, aber guter Qualität

Rosso di Montalcino wird aus der gleichen Traube wie der Brunello gekeltert, muss aber nur ein Jahr reifen

rovere Eiche

Sagrantino wichtigste und beste rote Traube Umbriens und auch der beste Rotwein der Provinz. Hauptanbaugebiet rund um Montefalco

Sangiovese wichtigste Rotweinrebe Italiens, deren Hauptanbaugebiet in der Toskana liegt. Aus ihr entstehen tanninreiche und fruchtige Weine

Sangiovese grosso Spielart der Sangiovese, aus der der Brunello gemacht wird. Heißt fast immer einfach Brunello

sapore di tappo Korkgeschmack, Zapfengeschmack

Schiava Südtiroler Vernatsch

scuro dunkel

secco trocken

selezione, vino da lagerfähiger Wein

soave geschmeidig

Soave hauptsächlich Massenwein aus einem Anbaugebiet östlich von Verona. Ausnahmen: Weine aus dem Classicogebiet rund um Soave und Monteforte

spumante Schaumwein

stappare entkorken

sturato entkorkt

tannico tanninhaltig

tannino Tannin, Gerbsäure

tappare mit einem Korken (Zapfen) verschließen

tappo Korken, Zapfen

tappo, sapore di Kork(Zapfen-) -geruch, -geschmack

Taurasi bekanntester Rotwein Kampaniens, schwer und tanninreich

Dekantieren in eine Karaffe.

tenuta (Wein-)Gut

Teroldego verbreitete rote Traube im Trentino, aus der mittelmäßige bis manchmal gute Weine gleichen Namens gemacht werden

Tocai meist verbreitete Weißweinrebe im Friaul, aus der frische fruchtige Weine (Tocai Friulano) gemacht werden

torchio Weinpresse, Kelter

Torgiano guter fruchtiger Rotwein aus Sangiovese- und Canaiolo-Trauben (Umbrien)

Trebbiano verbreitetste Weißweinsorte der Welt (heißt sonst Ugni Blanc), aus der in Italien einfache Weine gemacht werden

turacciolo Korken, Zapfen

uva Traube

Valpolicella hauptsächlich Massenproduktion, nur der Valpolicella Classico ist meist ein charaktervoller, fruchtiger Wein

vasca di acciaio Stahltank

VdT Vino da Tavola – einfache Tafelweine ohne Jahrgangs- und genaue Herkunftsbezeichnung. Die sogenannten „Super Tuscans„ tragen diese Bezeichnung inzwischen nicht mehr, sondern sind IGT-Weine. Seit 1997 dürfen Tafelweine keine Jahrgangsbezeichnung auf dem Etikett tragen

vendemmia Weinlese, Traubenernte

Verdicchio Weißweinrebe, die vor allen in den Marken angebaut wird und aus der der gleichnamige Wein entsteht. Charaktervolle Weine bekommt man unter den Bezeichnungen Verdicchio dei Castelli di Jesi und Verdicchio di Matelica

vendita diretta Direktverkauf

Vermentino Weißweinrebe, die vor allem auf Korsika und Sardinien, aber auch in Ligurien kräftige Weißweine hervorbringt

Vernaccia alte Rebe aus der Gegend um San Gimignano

Vernaccia di San Gimignano wird aus der Vernaccia-Traube gekeltert. Da er zum Modegetränk wurde, muss man kritisch auswählen, um auf gute Qualität zu treffen (Toskana)

Vernaccia di Oristano Weißwein aus Sardinien

Vesuvio trockener, milder Rotwein aus Kampanien, der auch Lacrima Christi heißt

vigna Weinberg, Weingarten

vigneto Weinbaugebiet

vinacce Weintrester, Treber

vinaccia Branntwein

vinificazione Weinbereitung

– TIPP –
Zu warm, zu kalt: Zu stark gekühlte Weißweine können ihr Aroma nicht entfalten, zu warme Rotweine schmecken nicht mehr voll, sondern vor allem nach Alkohol.
Also: Weißweine zwischen 8° C und 12° C, Rotweine zwischen 14° C und 18° C genießen.

Vino nobile di Montepulciano wird aus den gleichen Trauben wie Brunello und Rosso di Montalcino gekeltert (Sangiovese grosso/Brunello), allerdings von speziellen Lagen an den Hängen des Chiana-Tals (Süd-Toskana)

Vin santo Dessertwein aus der Toskana aus angetrockneten Trauben, muss mindestens drei Jahre reifen, kann trocken, halbtrocken oder süß sein

Vino santo wird im Trentino ähnlich wie der Vin santo hergestellt, allerdings aus stärker getrockneten Trauben, ist also immer süß

vino Wein

vino bianco Weißwein

vino chiaretto heller Rotwein

vino da banco einfacher Wein der Gegend, aus der großen Flasche

vino da meditazione ein wunderbarer Tropfen zum Träumen

vino da pasto Tafelwein, Tischwein

vino da tavola Tafelwein

vino della casa einfacher Wein aus der Gegend

vino dolce Süßwein

vino frizzante prickelnder Wein, Perlwein

vino leggero leichter Wein

vino nero dunkelroter, schwerer Wein

vino nostrano hiesiger, einheimischer Wein

vino novello junger Wein, immer Rotwein

vino rosato Rosé

vino rosso Rotwein

vino secco trockener Wein

vino sofisticato gepanschter Wein

vino tagliato verschnittener Wein

vino tipico Landwein

vite Rebe

viticoltore Winzer

viticoltura Weinbau

– TIPP –
Von Italien bis nach Hause: Wein mag keine Erschütterung, deshalb sollte man Wein aus Italien, den man mit nach Hause mitgebracht hat, nach der Reise nicht gleich trinken. Gönnen Sie ihm erst einmal ein paar Wochen Ruhe.

Essen und Trinken in
historischem Ambiente.

Das richtige Wort zum richtigen Zeitpunkt:
auf der Piazza Navona in Rom.

DIE WICHTIGSTEN
REDEWENDUNGEN

Nie wieder sprachlos in Italien

Egal, ob man ein Restaurant sucht, eine Tisch bestellen will oder in einem kleinen Lebensmittelladen an der Theke steht – es ist immer angenehmer, wenn man nicht darauf hoffen muss, dass das Gegenüber einen versteht, sondern wenn man selbst italienisch sprechen kann. Für die häufigsten Situationen im Urlaub finden Sie hier deshalb die passenden Sätze, jeweils mit Aussprachhilfe.

RESTAURANT FINDEN UND PLATZ RESERVIEREN

Wissen Sie hier in der Nähe ein gutes Restaurant?

Scusi, conosce un buon ristorante, qui vicino

Skusi konosche un buono ristorante, kwi witschino

Ein richtig feines/ein einfaches mit einheimischer Küche/eines, wo man auch eine Kleinigkeit essen kann

un ristorante veramente eccellente/uno semplice con cucina casalinga/uno, dove si può prendere anche solo uno spuntino

Un ristorante weramente etschellente/ uno semplitsche kon kutschina kasalinga/ uno dowe si puo prendere anke solo uno spuntino

Ich möchte gerne einen Tisch für 4 Personen reservieren

Vorrei prenotare un tavolo per quattro persone

Worräi prenotare un tawolo per kwatro persone

Für heute abend/morgen mittag/morgen abend

per stasera/domani a mezzogiorno/domani sera

Per stasera/ domani a mädso dschorno/ domani sera

Haben Sie einen Tisch am Fenster/auf der Terrasse/in der Ecke

Avete un tavolo alla finestra /sulla terrazza/nell'angolo

Avete un tawolo alla finestra / sulla terrazza / nel' angolo

Um 1 Uhr/1 Uhr 30/20 Uhr/20 Uhr 30/21 Uhr

a l'una/l'una e mezzo/alle otto/otto e mezzo/nove

A luna/ luna e mezzo …

Auf den Namen
(am besten einen einfachen aussuchen, muss ja nicht der eigene sein)

a nome di …

ah nohme die

IM RESTAURANT / NEL RISTORANTE

Guten Tag/Abend, wir haben einen Tisch für … Personen reserviert

Buon giorno/buona sera, abbiamo prenotato un tavolo per … persone

Buon dschorno/ buona sera/ abbiamo prenotato un tawolo …

Könnte ich bitte die Speisekarte/Weinkarte haben?

per favore, potrebbe portarmi la lista dei cibi/la lista dei vini?

Per fawore, puo potrebbe la lista dei tschibi / dei wini

Können Sie bitte etwas langsam sprechen, ich kann nicht so gut Italienisch

La prego di parlare lentamente, perchè non parlo tanto bene l'italiano

La prego di parlare lentamente, perkä non parlo tanto bene litaljano

Können Sie mir etwas empfehlen, zum Beispiel eine Spezialität der Region?

Può consigliarmi qualcosa, per esempio una specialità locale

Puo konsilijarmi kwalkosa per esimpio una spetschalita lokale

Ich nehme das Tagesgericht

Prendo il piatto del giorno

Prändo il pjatto del dschorno

Ich bin Vegetarier/Vegetarie/-rin, was können Sie mir anbieten?
sono wedschetariano(a), ke kosa mi puo offrire?

sono vegetariano/vegetaria-na, che cosa mi può offrire?

Als Vorspeise/ersten Gang/zweiten Gang nehme ich
kome antipasto / primo / sekondo prändo

come antipasto/primo/secondo prendo

Welche Beilagen haben Sie?
ke kosa tschä kome kontorno

che cosa c'è come contorno

Ich nehme nur eine Vorspeise und einen ersten Gang
preferisko mandschare solo un antipasto e un primo

preferisco mangiare solo un antipasto e un primo

Ich nehme keine Vorspeise-/ersten Gang/zweiten Gang, ich habe keinen großen Hunger
non prändo antipasto / primo / sekondo, perkä non o molto appetito

non prendo antipasto/primo/secondo, perchè non ho molto appetito

Könnten Sie mir bitte Brot/Wasser/ein Besteck/eine Serviette/einen Aschenbecher bringen?
per fawore, potrebbe portarmi un po di pane / del akwa / le posate / un towaljolo / un portatschenere

per favore, potrebbe portarmi un po' di pane/dell'acqua/le posate/un tovagliolo/un portacenere

Das muss ein Irrtum sein, ich habe etwas anderes bestellt
tschi dewe essere un errore, o ordinato kwalkos altro

ci deve essere un errore, ho ordinato qualcos'altro

Danke, das genügt
Grazje, basta kosi

Grazie, basta cosi

Wir hatten eine Flasche Wasser/Wein bestellt
Awewamo ordinato una bottilja dakwa / di wino

avevamo ordinato una botti-glia d'acqua/di vino

Wo sind die Toiletten, bitte?
Dowe il banjo, per fawore

dov'è il bagno, per favore?

Bitte *per fawore*	per favore
Danke *grazje*	grazie
Entschuldigen Sie *(mi) skusi*	(mi) Scusi
Auf Wiedersehen/guten Tag/gute Nacht *arriwedertschi / buon dschorno / buona notte*	arrivederci/buon giorno/ buona notte

LOB UND BESCHWERDE

Das Menü/Mittagessen/ Abendessen war ganz aus- gezeichnet *il menu / il pranzo / la tschena / era weramente / etschellente*	il menu/il pranzo/la cena era veramente eccellente
Gratulation an den Koch *komplimenti al kuoko*	complimenti al cuoco
Das Essen ist leider kalt/nicht gar/versalzen *mi dispjatsche, ma il tschibo e freddo, non kotto / troppo salato*	mi dispiace, ma il cibo è fred- do/non cotto/troppo salato
Das Essen schmeckt ange- brannt *skusi, ma il tschibo sa di brutschato*	scusi, ma il cibo sa di bruciato

BEZAHLEN

Bringen Sie mir bitte die Rechnung *puo portarmi il konto, per fawore*	Può portarmi il conto, per fa- vore?
Kann ich mit Kreditkarte be- zahlen? Welche akzeptieren Sie? *possò pagare kon karta di kredito*	posso pagare con carta di credito?

BEIM EINKAUFEN

Ich suche ein Lebensmittel-geschäft/eine Metzgerei/eine Bäckerei/eine Konditorei/eine Weinhandlung

mi scusi, cerco un alimentari/una macelleria/una panetteria/una pasticceria/un' enoteca

mi scusi, tscherko un alimentari / una matschelleria / una panetteria / una pastitscheria / una enoteka

Bin ich dran?

tocca a me?

tokka a me?

Was kosten 100 Gramm davon?

quanto costa all' etto?

kwanto kosta al etto?

Geben Sie mir bitte ein Stück von dem Käse (wenn Sie den Namen nicht kennen, einfach draufzeigen)

per favore, mi dia un pezzo di questo formaggio

per fawore, mi dia un pezzo di kwesto formadscho

Wie heißt das?

come si chiama questo?

kome si kjama kwesto?

Könnte ich eine kleine Kostprobe bekommen?

posso avere un piccolo assaggio?

posso awere un pikkolo assadscho?

Bitte schneiden Sie den Schinken/die Salami in dünne Scheiben?

per favore, può tagliare il prosciutto/il salame in fette sottili?

per fawore puo taljare il proschutto / il salame in fette sottile?

Darf ich bitte mal durch?

Permesso

permesso

Ich möchte gerne Streichhölzer kaufen

vorrei comprare dei cerini (Wachsstreichhölzer)
/dei fiammiferi (Holzstreichhölzer)

worrei komprare dei tscherrini / dei fjammiferi

Eiswürfel	cubetti di ghiaccio	40
	ghiaccio	45
Eiweiß, Eiklar	albume	28
Endivie	indivia	46
	endivia	41
Ente	anatra, anitra	29
entkorken	stappare	78
Entrecôte	costata di manzo	39
Erbsen	piselli	58
Erdapfel	patata	56
Erdbeere	fragola	44
Erdnuss	arachide	29
Espresso	caffè	34
Essig	aceto	27
Esskastanien	marroni	49
Estragon	dragoncello	41
Fasan	fagiano	41
Fass	botte	72
	carato	73
Federwild	uccellame	68
Feige	fico	42
Felche	coregone	39
Feldsalat	dolcetta	41
	valerianella	68
Fenchel	finocchio	42
Ferkel	porcellino	59
Fett	grasso	46
Filet	filetto	42
Fisch	pesce	57
Fischgräte	spina di pesce	65
Fisolen	fagiolini	41
Flasche	bottiglia	32
Flaschenöffner	apribottiglie	72
Fleisch	carne	36
Fleischbrühe	brodo	33
Flussbarsch	perca	57
	pesce persico	57
Flussfisch	pesce di fiume	57
Forelle	trota	68
Frikadelle	polpetta	59
frisch	fresco	44
Frischkäse	formaggio bianco	43
	formaggio fresco	43

Frosch	rana	60
Froschschenkel	coscette di rana	39
Fruchtfleisch	polpa	59
Frühgemüse	primizie	59
Frühlingszwiebel	cipollotto	38
Frühobst	primizie	59
Frühstück	prima colazione	59
Gabel	forchetta	43
Gabelmakrele	leccia	47
Gans	oca	52
Garnele	gambero	45
Geflügel	pollame	59
Geflügelklein	rigaglie	61
Geflügelleber	fegatino	42
Gemse	camoscio	35
Gemüse	legumi	47
	ortaggi	53
	verdura	68
Gemüseauflauf	timballo	67
Gemüsebrühe	brodo vegetale	33
Gerste	orzo	53
Geruch	odore	77
gesalzen	salato	62
geschlossen	chiuso	38
Geschmack	gusto	46
Getränk	bevanda	31
	bibita	31
Getränkekarte	lista delle bevande	48
Getreide	cereali	37
Gewicht	peso	57
Gewürz	condimento	39
Gewürznelken	chiodi di garofano	45
Glas	bicchiere	31
Glattbutt	rombo liscio	61
Glatthai	palombo liscio	54
Goldmakrele	lampuga	47
Granatapfel	melagrana	50
Grapefruit	pompelmo	59
Graubarsch	rovello	62
Grieben	ciccioli	38
Grieß	semolino	64

91

IMPRESSUM

Liebe Leserinnen und Leser,

wir freuen uns, Ihre Meinung zu diesem MERIAN Kompass Kuli narischer Sprachführer Italien zu erfahren. Bitte schreiben S uns, wenn Sie Berichtigungen und Ergänzungsvorschläge ha ben oder wenn Ihnen etwas besonders gut gefällt:

Gräfe und Unzer Verlag, Reiseredaktion, Postfach 86 03 66, 81630 Münch
e-mail: merian-kompass@graefe-und-unzer.de

Alle Angaben in diesem MERIAN Kompass sind gewissenhaft geprüft. Für eventuelle Fehler übernimmt der Verlag keine Haftung.

Redaktion: Ulrike Bässler
Kartenredaktion: Ingrid Schobel

Bei Interesse an Karten aus MERIAN-Produkten schreiben Sie bitte an:
MERIAN-Kartographie
Grillparzerstraße 12
81675 München
e-mail:
info@merian-kartographie.de

Gestaltung: Michael Goerden
Umschlagfoto oben: F.M. Frei, Piazza della Rotonda
Umschlagfoto unten: M. Brauner, Italien Kulinarisch
Karten: MERIAN-Kartographie
Produktion: Helmut Giersberg
Reproduktion: Repro Schmidt, Dornbirn
Druck und Bindung: Ludwig Auer GmbH
ISBN 3-7742-0737-2

Fotos: Aigner 72; M. Brauner 35, 64/65; Foodfotografie Eising 21, 30, 61; P.A. Eising 56; A. Faber 73, 79; F.M. Frei 4, 82; IFA Bilderteam 25; J. Jepsen 2, 22, 26, 51, 70 u., 81; Silvestris Fotoservice / Stadler 40; C. Teubner 48; O. Teubner 15, 47, 59, 63, 67, 69; M. Thomas 17

Dieses Buch wurde auf chlorfrei gebleichtem Papier gedruckt.

Auflage	5.	4.	3.	2.	1
Jahr	2004	03	02	01	0

© Gräfe und Unzer Verlag GmbH München